Interpretación de los sueños

Una guía espiritual de símbolos, palabras, temas y significados de los sueños

© Copyright 2025

Todos los derechos reservados. Ninguna parte de este libro puede ser reproducida de ninguna forma sin el permiso escrito del autor. Los revisores pueden citar breves pasajes en las reseñas.

Descargo de responsabilidad: Ninguna parte de esta publicación puede ser reproducida o transmitida de ninguna forma o por ningún medio, mecánico o electrónico, incluyendo fotocopias o grabaciones, o por ningún sistema de almacenamiento y recuperación de información, o transmitida por correo electrónico sin permiso escrito del editor.

Si bien se ha hecho todo lo posible por verificar la información proporcionada en esta publicación, ni el autor ni el editor asumen responsabilidad alguna por los errores, omisiones o interpretaciones contrarias al tema aquí tratado.

Este libro es solo para fines de entretenimiento. Las opiniones expresadas son únicamente las del autor y no deben tomarse como instrucciones u órdenes de expertos. El lector es responsable de sus propias acciones.

La adhesión a todas las leyes y regulaciones aplicables, incluyendo las leyes internacionales, federales, estatales y locales que rigen la concesión de licencias profesionales, las prácticas comerciales, la publicidad y todos los demás aspectos de la realización de negocios en los EE. UU., Canadá, Reino Unido o cualquier otra jurisdicción es responsabilidad exclusiva del comprador o del lector.

Ni el autor ni el editor asumen responsabilidad alguna en nombre del comprador o lector de estos materiales. Cualquier desaire percibido de cualquier individuo u organización es puramente involuntario.

Su regalo gratuito

¡Gracias por descargar este libro! Si desea aprender más acerca de varios temas de espiritualidad, entonces únase a la comunidad de Mari Silva y obtenga el MP3 de meditación guiada para despertar su tercer ojo. Este MP3 de meditación guiada está diseñado para abrir y fortalecer el tercer ojo para que pueda experimentar un estado superior de conciencia.

https://livetolearn.lpages.co/mari-silva-third-eye-meditation-mp3-spanish/

¡O escanee el código QR!

Índice

INTRODUCCIÓN 1
CAPÍTULO 1: ¿POR QUÉ SOÑAMOS? 3
CAPÍTULO 2: RECUERDE SUS SUEÑOS Y BUSQUE PATRONES 14
CAPÍTULO 3: ¿QUÉ HACE EN SU SUEÑO? 25
CAPÍTULO 4: LUGARES Y SIGNIFICADOS DE LOS SUEÑOS 35
CAPÍTULO 5: SIMBOLISMO ONÍRICO DE LOS CUATRO ELEMENTOS 45
CAPÍTULO 6: OBSERVAR LOS COLORES Y LOS NÚMEROS 57
CAPÍTULO 7: SUEÑOS CON ANIMALES Y PLANTAS 70
CAPÍTULO 8: SUEÑOS SOBRE PARTES DEL CUERPO 82
CAPÍTULO 9: CUANDO APARECEN SERES SOBRENATURALES 91
CAPÍTULO 10: TÉCNICAS AVANZADAS DE INTERPRETACIÓN DE LOS SUEÑOS 100
GLOSARIO DE SÍMBOLOS DE LOS SUEÑOS 108
CONCLUSIÓN 115
VEA MÁS LIBROS ESCRITOS POR MARI SILVA 117
SU REGALO GRATUITO 118
BIBLIOGRAFÍA 119
FUENTES DE IMÁGENES 126

Introducción

Debido a su naturaleza esquiva y misteriosa, los sueños siempre han interesado a la gente. Desde la antigüedad, diferentes civilizaciones se han preguntado por qué sueña la gente y qué podrían significar estos sueños. Registraron sus interpretaciones y utilizaron el simbolismo de los sueños para la sanación, la adivinación y la orientación. A principios del siglo XX, la gente empezó a adoptar un enfoque más científico de la interpretación de los sueños. En este libro aprenderá las diferentes teorías sobre el papel del simbolismo onírico en el psicoanálisis y cómo pueden incorporarse a las creencias tradicionales sobre los sueños.

Aunque no existe una respuesta clara a la pregunta de si un sueño significa algo, examinar su sueño - incluidos sus elementos y circunstancias - puede darle una mejor idea de cómo interpretarlo. A veces, la información que descubre sobre sí mismo en sueños es mucho más sustancial que la que aprende durante las horas de vigilia. Los sueños pueden hacerse eco de recuerdos consolidados que ha tenido, de estímulos que a su cerebro le cuesta procesar en la fase REM y mucho más. Para encontrar una conexión entre su estado de sueño y la vida de vigilia, tendrá que empezar por tomar nota de lo que ha experimentado en sus sueños, y este libro le ayudará mediante explicaciones exhaustivas y consejos prácticos para principiantes.

Por ejemplo, sus sueños pueden referirse a acciones, lugares, elementos, colores o números concretos. También puede tener sueños recurrentes sobre partes del cuerpo, plantas, animales e incluso seres sobrenaturales. Desde guías espirituales hasta hadas y enanos, no hay límite a lo que su imaginación puede conjurar en sus sueños. El libro tiene capítulos dedicados a todos estos posibles elementos oníricos, en los que se discuten sus significados, variaciones y significado en la vida de vigilia. Aun así, dado que los sueños proceden de la mente subconsciente, ningún símbolo puede tener una importancia definitiva y universal. En el último capítulo, aprenderá algunas técnicas avanzadas de interpretación de los sueños que le proporcionarán una visión más detallada de sus sueños y su conexión con la vida de vigilia.

La clave para una interpretación de los sueños satisfactoria es evitar interpretarlos literalmente. Aunque los símbolos pueden insinuarle la dirección que debe tomar con su análisis, lo que verdaderamente importa es su conexión emocional con sus sueños. Descifrar las emociones que evoca cada sueño le permite expandir su conciencia. Sus sueños son extensiones de la mente subconsciente, y usted está aumentando su conciencia emocional y espiritual con cada sueño que interpreta. Crear un catálogo mental consciente del significado de sus sueños es como aprender un nuevo idioma. Y al igual que cuando se aprende un nuevo idioma, usted se embarca en un viaje gratificante. Siga leyendo si está preparado para empezar a descifrar sus sueños y obtener las recompensas finales que vienen con ellos.

Capítulo 1: ¿Por qué soñamos?

Los sueños son un misterio que la humanidad lleva explorando desde los inicios de los tiempos. Este capítulo pretende responder a la pregunta planteada en el título desde la perspectiva de diversos campos de estudio: Científico, psicológico, religioso y espiritual. Definirá el concepto de interpretación de los sueños y explorará su contexto histórico y cultural y sus beneficios. También conocerá los distintos tipos de sueños.

El concepto de interpretación de los sueños

Los orígenes de la interpretación de los sueños se remontan a los años 3000-4000 a.C., en las antiguas Babilonia y Samaria. Estas civilizaciones utilizaban tablillas de arcilla para registrar los sueños de la gente e interpretar sus posibles significados. Aunque no hay nada tangible que lo demuestre, los historiadores creen que los sumerios y los babilonios creían que los sueños eran la prolongación de la vida real. Algunas pruebas arqueológicas sugieren que los sumerios veían el reino de los sueños como un mundo mucho más poderoso que el de la vigilia. Veían los sueños como una forma de liberarse y empoderarse porque todas las cosas son posibles en los sueños, y una persona puede hacer más de lo que puede en la vida real.

En la antigua Grecia y la antigua Roma, las tropas que se dirigían al campo de batalla solían ir acompañadas de intérpretes de sueños que intentaban discernir el resultado de la lucha que se avecinaba basándose en los sueños de los guerreros. Consideraban los sueños como mensajes de los dioses, a menudo formulados como órdenes que la gente debía seguir.

En el antiguo Egipto, los faraones y otros líderes también confiaban en la interpretación de los sueños a la hora de tomar decisiones críticas. Los intérpretes egipcios registraban los sueños de la gente en jeroglíficos. Si alguien tenía sueños particularmente vívidos o acontecimientos en sus sueños que afectaban a su vida de vigilia, se creía que estaba bendecido por los dioses. Los intérpretes de sueños gozaban de gran estima, ya que se decía que estaban dotados divinamente por los dioses.

La Biblia contiene más de 700 referencias a los sueños y a su significado en el mundo de la vigilia.

La profecía fue una de las principales razones por las que la interpretación de los sueños se generalizó en las diferentes culturas. La mayoría de las veces, la gente analizaba los sueños en busca de señales de advertencia sobre el futuro. Cualquiera que fuera la fuente de los mensajes de advertencia, se consideraban indicios sobre acontecimientos futuros. Incluso mejor, la gente descubrió que los sueños ofrecían consejos sobre qué hacer o evitar cuando se presentaban situaciones desafiantes. En otras ocasiones, los sueños eran mensajes de espíritus malignos, demonios y otras criaturas, amenazas de las que se informaba a la gente y contra las que se les aconsejaba protegerse mientras dormían.

Las interpretaciones de los sueños también se utilizaban con fines medicinales, especialmente en la antigua China y la antigua Grecia. Podían ayudar a establecer un diagnóstico y un plan de tratamiento adecuados para una enfermedad y determinar qué le ocurría al cuerpo o la mente del soñador.

Los antiguos chinos creían que los sueños eran almas de personas en reposo que expresaban sus deseos. Según los chinos, después de que el cuerpo se durmiera, el alma lo abandonaba y se aventuraba en el reino de los sueños. Se advertía a la gente que no despertara repentinamente a nadie, ya que esto podría hacer que sus almas quedaran atrapadas en el mundo de los sueños. Incluso los chinos contemporáneos optan por despertarse de forma natural y evitan el uso de despertadores.

Las tribus mexicanas y nativas americanas también consideran los sueños como la dimensión del alma. Sus antepasados viven en el mundo de los sueños, apareciendo como otras formas vivas, como plantas o animales. Utilizan el mundo de los sueños para visitar a los espíritus ancestrales y comunicarse con ellos. En los sueños, los antepasados pueden ayudar a responder preguntas, compartir sabiduría sobre la vida y ofrecer orientación para encontrar el propio camino.

Más tarde, la popularidad de la interpretación de los sueños disminuyó drásticamente y, en el siglo XIX, los sueños se descartaron como significantes de acontecimientos de la vida real. Los sueños se atribuían a la indigestión, la ansiedad o un entorno ruidoso por la noche. No fue hasta principios del siglo XX cuando el psicoanalista austriaco Sigmund Freud resucitó el análisis de los sueños.

Mientras trataba enfermedades mentales, Freud se dio cuenta de que los sueños de sus pacientes tenían importancia a la hora de encontrar el tratamiento para su afección. Analizando sus sueños, ayudó a los pacientes a comprender la causa de sus problemas de salud mental. Creía que utilizando la información que los pacientes revelaban en sus sueños, podría encontrar la forma de curar o controlar sus síntomas.

Desde entonces, esta disciplina se ha hecho cada vez más popular. Poco después de Freud, otros psicoanalistas y profesionales de la medicina se interesaron por la interpretación de los sueños. Ann Faraday, autora de la novela *El juego de los sueños*, escribe sobre muchas técnicas de interpretación de los sueños. Hoy en día, la investigación sobre los sueños sigue creciendo. Sin embargo, los investigadores se encuentran a menudo con un problema común: cómo memorizar las imágenes de los sueños. A menos que las personas encuentren sus sueños intelectualmente estimulantes, alegres o inspiradores, suelen olvidar lo que sueñan en cuanto se despiertan.

Otros creen que sus sueños pueden revelar más sobre usted mismo que el propio significado del sueño. Esto se basa en un enfoque científico moderno, que sugiere que los sueños son la respuesta del cerebro a estímulos externos, que el órgano no puede procesar durante las horas de vigilia. Esto contradice la teoría popular de que los sueños son la puerta de entrada de deseos ocultos. Otra cuestión relacionada con la interpretación de los sueños es que es más probable que los recuerde si giran en torno a acontecimientos adversos o circunstancias que rodean a personas que le desagradan. Aunque también puede retener sueños relacionados con seres queridos y otros sueños positivos, el porcentaje es mucho menor que el de sueños negativos retenidos. Esto significa que es probable que interprete los sueños de forma que puedan apoyar sus creencias sobre su entorno, usted mismo y otras personas.

Las personas que suelen confiar en la interpretación de los sueños para orientarse en la vida cotidiana pueden considerar sus sueños como una profecía autocumplida. Por ejemplo, un sueño sobre no rendir bien en una entrevista de trabajo: estará demasiado estresado para mostrar sus mejores habilidades o menos motivado para prepararse bien para la entrevista.

Teorías sobre el simbolismo de los sueños

La interpretación de los sueños desempeña un papel crucial en el psicoanálisis. Debido a ello, varios analistas han desarrollado teorías sobre los sueños y sus significados. Sigmund Freud y Carl Jung fueron dos de los principales psicoanalistas que consideraron que las imágenes oníricas eran convincentes para analizarlas y utilizarlas como herramientas terapéuticas.

A principios del siglo XX, a la mayoría de los científicos no les preocupaba atribuir demasiados significados a los sueños de las personas. La mayoría de ellos suponía que las imágenes oníricas eran subproductos del procesamiento cerebral de la información durante la fase REM del sueño. Algunos científicos incluso apoyan esta teoría hoy en día, y los no profesionales que se guían por sus teorías a menudo descartan los sucesos oníricos desfavorables. Después de todo, ¿cuántas veces ha oído a alguien describir las imágenes de sus malos sueños como sueños tontos? Freud, por otro lado, se dio cuenta muy pronto de que los sueños de sus pacientes eran significativos, independientemente de lo poco que una persona recordara de sus sueños o de lo poco que sus imágenes oníricas significaran para esa persona en particular.

Freud afirmó que, con la investigación, los profesionales podrían desarrollar procedimientos para interpretar los sueños con éxito. Comenzó sentando las bases con su teoría de la interpretación de los sueños. Descubrió que la clave para interpretar los sueños con mayor eficacia era simplemente dejar que la persona describiera los detalles que pudiera recordar. Esto incitaba a las personas a seguir su línea de pensamiento en lugar de dejarse influir por la interpretación del profesional. Podían formarse sus propias ideas sobre lo que podían haber significado sus sueños.

Practicando la asociación libre (entre las imágenes oníricas y los pensamientos que evocan), Freud descubrió que había cuatro elementos en el trabajo onírico. El primero es la condensación. Se refiere al amontonamiento de varias ideas en un sueño, ya que la información de todas estas ideas se reunía en un solo pensamiento y se mostraba como una sola imagen onírica. El segundo elemento es el desplazamiento, que se asocia a significados emocionales ocultos. Suele ocurrir cuando el soñador confunde partes significativas y sin sentido de sus sueños. El tercero es la simbolización, que apunta a ideas reprimidas que sólo se muestran como elementos que simbolizan su significado. La revisión secundaria es el cuarto elemento. Denota la reorganización de los sueños, que los hace más fáciles de comprender y recordar.

La mayoría de la gente se centra en lo que puede recordar conscientemente de sus sueños. Sin embargo, como Freud - y más tarde Jung - acordaron, los sueños son más bien un proceso de clasificación para el cerebro de todas las experiencias diurnas. Esto afecta al funcionamiento del cerebro y a la razón por la que oculta algunas partes del mundo onírico en el subconsciente. El cerebro de las personas cambia constantemente debido a su contenido subconsciente, evolucionando para adaptarse al tipo de información que el cerebro recoge y procesa. Tutelado por Freud, Jung también encontró aliados en los sueños a la hora de tratar afecciones mentales. Freud y Jung profundizaron en la interpretación de los sueños a partir de la ciencia de su época y de otras fuentes antiguas, como la historia, la mitología y el arte. Su trabajo les ayudó a acumular importantes conocimientos sobre la psique humana. Esto, a su vez, permitió a la siguiente generación de intérpretes de sueños y psicoanalistas comprender la naturaleza de los sueños y cómo interactúan con el cuerpo y la mente.

A pesar de su acuerdo y cooperación, existían diferencias fundamentales entre las teorías de Jung y Freud sobre la interpretación de los sueños. Mientras que su mentor indagaba en las causas pasadas de los sueños, el trabajo de Jung se centraba en la implicación futura de los sueños. Consideraba que las imágenes oníricas eran fundamentales para revelar información sobre el desarrollo de la salud del paciente en el futuro. Estableció varias funciones para los sueños. La principal era la compensación, a la que denominó la forma que tiene el cerebro de mantener el equilibrio entre las ideas conscientes y las subconscientes. Según Jung, si una persona consciente intenta reprimir sus pensamientos subconscientes, sus sueños mostrarán el desequilibrio y le impulsarán a volver a su yo equilibrado.

La segunda función de los sueños - según Jung - es la compensación reductora. Se trata de una forma única de compensación de Jung. Es un intento más severo por parte de los sueños de restablecer el equilibrio perdido debido al ego consciente inflado que intenta controlarlo todo en la vida de vigilia. Jung creía que los sueños siempre pueden decirle a una persona quién es y quién tiene potencial para ser. Si tiene una opinión sobre sí mismo que no refleja la realidad, los sueños le harán enfrentarse a la verdad. Compensarán sus creencias erróneas mostrándole imágenes que contradicen sus ideas sobre sí mismo. Le devuelven a las profundidades de su psique, permitiéndole desarrollar una imagen más precisa de sí mismo. Por ejemplo, si cree que sus acciones reflejan siempre una gran moral - aunque no sea así - es probable que sus sueños le recuerden todos sus pensamientos, emociones y acciones que apuntan a una moral defectuosa.

La función prospectiva de un sueño es otra más determinada por Jung. Aunque creía que la mayoría de los sueños podían cumplir las dos primeras funciones, no excluía la posibilidad de que las imágenes oníricas tuvieran otros propósitos. Propuso una tercera función fundamental de los sueños: La función prospectiva. Esto es muy similar a las ideas proféticas que los sistemas religiosos tradicionales tienen sobre los sueños. Los sueños prospectivos ofrecen vislumbres de posibles acontecimientos futuros. Según Jung, el papel de esta función es ayudar al crecimiento de una persona y guiarla en su camino hacia el logro de la integración y el equilibrio. Si las personas pueden aprender a interpretar estos sueños proféticos, podrán acceder a una reserva única de sabiduría oculta en su subconsciente.

Tipos de sueños

Aunque todavía no está claro cuántos sueños puede tener la gente, existe una estimación universal del número. A continuación, se enumeran los tipos de sueños más comunes.

Sueños diurnos

La mayoría de la gente describiría soñar despierto como tener visiones vívidas durante las horas de vigilia. Estas visiones están asociadas a deseos ocultos, fantasías o expectativas no cumplidas. Otras veces, pueden ser resultados deseados de situaciones potenciales o ensoñaciones de sucesos pasados. Las ensoñaciones son más comunes de lo que cree. También se recuerdan más fácilmente que los sueños de cuando duerme, aunque la mayoría de la gente los descarta más rápido que cualquier otro tipo de sueño.

Sueños épicos

Estos sueños son sueños vívidos que, haciendo honor a su nombre, son demasiado épicos para olvidarlos. Son una de las formas de sueño más interpretadas, aunque cuesta cierto trabajo precisar su significado. Los intérpretes los consideran experiencias profundas con efectos duraderos y, dependiendo de si se adhiere a su mensaje, tienen el potencial de cambiar su vida. La afección denominada trastorno de los sueños épicos hace que las personas tengan estos sueños memorables mientras duermen, sin ningún significado emocional. Estos sueños excesivos suelen implicar que las personas realicen tareas cotidianas en sus sueños hasta que se cansan tanto que se despiertan agotadas por la mañana.

Sueños de falso despertar

Algunas personas realizan su rutina matutina en sueños pensando que ya están despiertas, cuando, en realidad, siguen profundamente dormidas. Es lo que se denomina un falso despertar, resultado de la transición del sueño REM a la fase de sueño ligero. El sueño REM es responsable de la recuperación de la salud mental, por lo que estos sueños son una forma que tiene su mente de prepararle mentalmente para el día que tiene por delante. Los falsos despertares están relacionados con los sueños lúcidos.

Pesadillas

La gente se despierta bruscamente del sueño debido a su efecto abrumador[1]

Las pesadillas se describen como sueños perturbadores o francamente aterradores que muestran imágenes cargadas de emociones negativas, como desesperación, miedo, asco, tristeza o una combinación de estas emociones. Debido a su efecto abrumador, las pesadillas hacen que la mayoría de las personas se despierten de repente. Sin embargo, suelen descartarlo como algo normal. En raras ocasiones, las pesadillas llegan a ser tan intensas que perturban el sueño y la vida de vigilia de la persona. Las pesadillas vívidas habituales pueden tener un efecto perjudicial en sus funciones cognitivas.

Terrores nocturnos

Los terrores nocturnos son similares a las pesadillas, salvo que van acompañados de sonidos y movimientos que la persona hace mientras duerme. Son los más comunes en niños mayores y adolescentes; sin embargo, un pequeño porcentaje de adultos también los padecen con regularidad. Algunos terrores nocturnos implican que la persona haga sólo unos pocos movimientos y sonidos. Otros les hacen gritar y agitarse durante varios minutos o incluso más.

Sueños progresistas

Debido a su naturaleza única, los sueños progresivos siguen siendo un territorio inexplorado. Los intérpretes los definen como una secuencia de imágenes con una narrativa continua. Esencialmente, usted está experimentando el desarrollo de una historia mientras sigue soñando con lo mismo. Los sueños pueden sucederse una noche tras otra, como si leyera continuamente un libro o viera esporádicamente una nueva serie en la televisión y esperara los episodios que aún están por llegar.

Sueños lúcidos

Los sueños lúcidos rara vez se registran. Implican que una persona queda suspendida entre el estado de sueño y la vigilia consciente. Curiosamente, algunas personas conservan la conciencia y la capacidad de controlar su sueño. Otras pueden incluso comunicarse conscientemente en sueños lúcidos. Los intérpretes de sueños sugieren que, mediante la práctica y la disciplina, es posible entrenarse para tener un sueño lúcido.

Sueños proféticos

Los sueños proféticos han traído la fascinación de la interpretación de los sueños a la vida de las personas. Durante siglos, la gente ha creído que los sueños pueden predecir el futuro. Algunas personas se inclinan por los sueños proféticos y pueden analizarlos e interpretarlos sin esfuerzo. Pueden utilizar la precognición como guía, sanación, advertencia y otros fines para manifestar resultados más detallados.

Sueños recurrentes

Los sueños recurrentes son la repetición de las mismas imágenes oníricas. A menudo reflejan un asunto sin resolver, un deseo insatisfecho o la lucha del cerebro por procesar experiencias traumáticas durante la vigilia. A veces, los sueños recurrentes sólo implican una imagen concreta, mientras que, en otras ocasiones, verá la repetición de toda una secuencia onírica. Los sueños pueden continuar hasta que la causa se resuelva o se sustituya por otra cosa.

Sueños vívidos

Los sueños vívidos están causados por una condición llamada rebote REM, que está relacionada con la recuperación de la salud mental. Es la forma que tiene su mente de compensar la falta de sueño debida al estrés u otros factores. Durante la fase REM, experimenta una mayor actividad cerebral, lo que crea sueños vívidos. Estos sueños también son comunes cuando la gente tiene fiebre alta, lo que dificulta la capacidad del cerebro para regular su actividad durante el sueño.

Los beneficios de la interpretación de los sueños

Aprender a analizar y comprender sus sueños requiere algo de tiempo y práctica. A medida que se embarque en este viaje, notará que mientras algunas imágenes oníricas pueden discernirse sin esfuerzo, la mayoría serán mucho más complejas. Dependerá de usted si confía únicamente en su intuición o utiliza la ayuda de símbolos oníricos conocidos. Sin embargo, le será más fácil empezar si conoce los beneficios de la interpretación de los sueños.

He aquí varias ventajas del trabajo con los sueños para inspirarle a iniciar este viaje:

- Los sueños pueden ayudarle a encontrarse a sí mismo. Si está luchando por encontrar su camino, sus sueños pueden orientarle en la dirección correcta.
- Los sueños pueden ayudarle a mantenerse sano. Al advertirle sobre su salud futura, sus sueños pueden ayudarle a prevenir enfermedades buscando ayuda y adoptando un estilo de vida

más sano.
- Los sueños pueden mantenerle a salvo. Muchas personas reciben advertencias sobre acontecimientos ambientales en sueños, que les ayudan a escapar de situaciones peligrosas.
- Los sueños no le permitirán negar la verdad. Le muestran un asunto tal y como es, permitiéndole conocer la verdad de cada situación. Aunque aleccionadora, una dosis saludable de realidad onírica es necesaria para una vida feliz.
- Los sueños pueden aportar soluciones a problemas de la vida real. A veces, la única forma que tiene su mente de resolver un problema es sacar una solución del subconsciente y mostrársela en sueños.
- Los sueños muestran cómo se siente respecto a las personas, los acontecimientos y las situaciones. Si tiene sentimientos reprimidos que deja que se enconen en su vida de vigilia, los sueños pueden ayudarle a liberarlos, evitando que causen más trastornos en su vida y su salud.
- Los sueños ayudan a construir mejores relaciones. Sus sueños pueden advertirle sobre banderas rojas en una relación que, de otro modo, ignoraría debido a su implicación emocional. Pueden ayudarle a eliminar a las personas tóxicas de su vida, para que pueda centrarse en construir una conexión con personas que contribuyan positivamente a su vida. Los sueños también pueden ayudarle a identificar a la pareja romántica adecuada, las mejores formas de resolver los problemas en sus relaciones, crear armonía y mantener una vida amorosa agradable para usted y su pareja.
- Los sueños pueden ayudarle a comunicarse con sus antepasados. Los seres queridos difuntos pueden visitarle en sueños, dejándole mensajes... pero sólo sabrá que lo han hecho si se toma su tiempo para aprender la interpretación de los sueños. Este antiguo arte le ayudará a revelar la diferencia entre los mensajes espirituales y los mensajes procedentes de su subconsciente.
- Los sueños le mostrarán su futuro. Pueden ayudarle a vislumbrar los resultados futuros en función de las acciones actuales. Esto le permite decidir si continuar por su camino

actual o cambiar de rumbo para obtener un resultado diferente.
- Los sueños son la clave del crecimiento espiritual y mental. Los mensajes que recibe en sus sueños pueden reflejar la información que necesita para convertirse en mejor persona u obtener la iluminación espiritual que desea.
- Los sueños ofrecen tranquilidad. Aunque sólo sea por eso, interpretar sus sueños tendrá un efecto terapéutico en su salud mental. Al mostrarle aquello con lo que lucha su mente consciente, obtendrá una visión de la causalidad de sus síntomas. Después de aprender de dónde vienen, será mucho más fácil ahuyentar la ansiedad y otros síntomas.

Capítulo 2: Recuerde sus sueños y busque patrones

Los sueños pueden ser misteriosos, fascinantes y a veces incluso aterradores. Pueden llevarle a lugares desconocidos, presentarle rostros desconocidos y presentarle escenarios extraños que a menudo le dejan preguntándose qué significan. Han sido el tema de numerosas discusiones, debates e interpretaciones en diferentes culturas y civilizaciones. Sin embargo, uno de los mayores retos a los que se enfrenta la gente cuando intenta interpretar sus sueños es recordarlos.

¿Cuántas veces se ha despertado por la mañana sin poder recordar ni un solo detalle de lo que soñó la noche anterior? La frustrante sensación de saber que ha tenido un sueño, pero no ser capaz de recordarlo puede ser bastante común. Pero, ¿por qué ocurre esto? La ciencia que hay detrás de por qué la gente tiene dificultades para recordar sus sueños aún no se conoce del todo. Sin embargo, tiene algo que ver con el hecho de que los sueños se producen durante la fase de movimientos oculares rápidos (MOR) del sueño, que es la fase más profunda, por lo que resulta aún más difícil recordar los detalles de sus sueños.

A pesar de estos retos, recordar sus sueños puede ser increíblemente útil para conocer mejor su mente subconsciente. Si presta atención a los temas, símbolos y emociones recurrentes en sus sueños, podrá desentrañar su significado y comprender mejor su yo interior. Este capítulo le proporcionará varias técnicas que le ayudarán a mejorar el recuerdo de sus sueños, como llevar un diario de sueños y crear una rutina antes de acostarse.

Por qué le cuesta recordar los sueños

Durante un ciclo de sueño típico, el cerebro pasa por varias etapas de sueño. Estas etapas se clasifican en dos tipos principales: El sueño sin movimientos oculares rápidos (NMOR) y el sueño con movimientos oculares rápidos (REM). El sueño NMOR tiene tres etapas, mientras que el sueño REM constituye sólo una etapa. El sueño REM se conoce como la etapa más profunda del sueño, ya que se asocia a un alto nivel de actividad cerebral y a un aumento de las respuestas fisiológicas. Durante este tiempo, el cerebro se vuelve más activo y el cuerpo experimenta cambios en el ritmo cardiaco, la presión sanguínea y la respiración. También es durante esta etapa cuando la gente tiene la mayoría de sus sueños.

Aunque el sueño REM es una parte vital del ciclo del sueño, es un reto recordar sus sueños. El cerebro está más activo durante el sueño REM y el cuerpo se encuentra en un estado de relajación profunda, lo que hace más difícil recordar los detalles del sueño. Además, el sueño REM se produce hacia el final del ciclo del sueño, lo que significa que cuando se despierte, es más probable que recuerde los sueños que tuvo antes por la noche, durante las fases más ligeras del sueño, que los que se produjeron durante la fase REM. Además, el cerebro procesa y almacena los recuerdos durante el sueño; sin embargo, esto puede verse interrumpido por la fase REM, lo que provoca dificultades para recordarlos. Los recuerdos formados durante el sueño REM pueden ser más difíciles de recuperar, ya que el cerebro está más activo y hay un mayor nivel de actividad neuronal, lo que hace más difícil separar los recuerdos de los sueños.

Técnicas para mejorar su recuerdo del sueño

El recuerdo del sueño, o la capacidad de recordar sus sueños, puede ser un fenómeno esquivo para muchas personas. Sin embargo, con unas sencillas técnicas, puede mejorar su recuerdo y desvelar el mundo oculto de sus sueños. He aquí algunas técnicas que le ayudarán a mejorar su recuerdo del sueño:

1. Lleve un diario de sueños

Llevar un diario de sueños entrenará a su cerebro para recordar sus sueños de forma más vívida[2]

Mantenga un cuaderno cerca de su cama y anote sus sueños en cuanto se despierte. Esta práctica puede ayudarle a entrenar a su cerebro para que recuerde sus sueños de forma más vívida. Llevar un diario de los sueños puede incluir estos pasos:

Paso 1: Elija un diario

Elegir un diario dedicado a sus sueños le ayudará a mantenerse organizada y constante. Puede utilizar un diario físico o una aplicación en su teléfono u ordenador. Elija uno que le guste y le resulte fácil de utilizar. Considere la posibilidad de utilizar un diario de tapa dura o con una encuadernación resistente que pueda soportar un uso frecuente. Además, puede decorar su diario para que el proceso resulte más atractivo.

Paso 2: Registrar el sueño

Comience cada anotación del sueño con la fecha, incluido el día de la semana. Esto le ayudará a realizar un seguimiento de sus sueños y a identificar patrones. Anote todo lo que recuerde sobre el sueño, incluidos colores, emociones, personas y acontecimientos. Sea lo más específico y detallado posible, utilizando un lenguaje descriptivo. Esto puede ayudarle a captar la esencia del sueño y a recordarlo de forma más vívida. Intente anotar el sueño en cuanto se despierte, antes de levantarse de la cama o de hacer cualquier otra cosa. Esto le ayudará a recordar más detalles.

Paso 3: Subraye los elementos clave

A medida que escriba, subraye o resalte los temas principales, los objetos recurrentes o las personas de sus sueños. Esto le dará una idea de su subconsciente. Por ejemplo, si a menudo sueña con volar, subraye "volar" o "alas" en las anotaciones de sus sueños. Puede utilizar un bolígrafo de otro color o un rotulador fluorescente para subrayar los elementos clave. Esto hace que destaquen y sean más fáciles de encontrar más tarde.

Paso 4: Añadir contexto

Si es posible, anote cualquier contexto relevante para el sueño, como su estado de ánimo antes de acostarse o cualquier acontecimiento que haya ocurrido durante el día. Esto puede ayudarle a comprender por qué tuvo el sueño y qué puede significar. Utilice abreviaturas o taquigrafía para la información contextual con el fin de ahorrar tiempo y espacio. Por ejemplo, podría utilizar "Estado de ánimo: Ansioso" o "Acontecimiento: Reunión con el jefe".

Paso 5: Reflexionar sobre el sueño

Después de anotar el sueño, tómese un momento para reflexionar sobre su significado o sobre cualquier idea que pueda ofrecerle. También puede anotar cualquier pregunta que tenga sobre el sueño. Esto puede ayudarle a comprender el sueño a un nivel más profundo y a descubrir sus mensajes subyacentes. Anote sus reacciones y sentimientos iniciales sobre el sueño y capte sus impresiones y percepciones iniciales.

Paso 6: Repetir

Acostúmbrese a registrar sus sueños cada mañana, aunque al principio no recuerde gran cosa. Con el tiempo, esta práctica le ayudará a entrenar a su cerebro para que recuerde los detalles y los sueños con mayor facilidad. Reserve un momento específico cada mañana para registrar sus sueños, por ejemplo, justo después de despertarse o durante su rutina matutina. Esto puede ayudarle a establecer un hábito constante. Considere la posibilidad de utilizar un sistema de recompensas para motivarse a registrar sus sueños con regularidad. Por ejemplo, podría recompensarse con una pequeña golosina o actividad cada vez que registre un sueño durante un determinado número de días seguidos.

2. Utilice la técnica de las 5W

El método de las 5W es un enfoque simplificado del recuerdo de los sueños que se centra en responder a las cinco preguntas básicas:

¿Quién? ¿Qué? ¿Cuándo? ¿Dónde? y ¿Por qué? Es una gran opción para las personas que disponen de menos tiempo para llevar un diario de sueños detallado.

Paso 1: Anote las cinco preguntas

En un papel o en su formato digital, escriba las cinco preguntas: ¿Quién? ¿Qué? ¿Cuándo? ¿Dónde? y ¿Por qué? Deje espacio suficiente debajo de cada pregunta para escribir sus respuestas. Utilice un formato coherente para las preguntas, como mayúsculas o texto en negrita, para que destaquen.

Paso 2: Recordar el sueño

Piense en su sueño e intente recordar tantos detalles como le sea posible. Concéntrese en responder a las cinco preguntas con toda la información que pueda recordar.

Paso 3: Responda a las preguntas

Debajo de cada pregunta, escriba sus respuestas. Sea lo más específico posible utilizando un lenguaje descriptivo.

- **¿A quién?** Anote las personas o personajes que hayan aparecido en el sueño, incluyéndose a sí mismo y a otros.
- **¿Qué?** Anote cualquier acontecimiento, acción u objeto que haya aparecido en el sueño.
- **¿Cuándo?** Anote cualquier detalle relacionado con el tiempo, como la hora del día o cuánto tiempo pareció transcurrir en el sueño.
- **¿Dónde?** Anote cualquier lugar o escenario que haya aparecido en el sueño, incluyendo cualquier cambio de ubicación.
- **¿Por qué?** Anote las emociones, motivaciones o razones que hayan podido contribuir al sueño.

Si no recuerda la respuesta a una pregunta, déjala en blanco y siga adelante. Siempre puede volver a ella más tarde si recuerda más detalles.

3. Practique el sueño lúcido

El sueño lúcido es la capacidad de controlar sus sueños conscientemente. Practicando el sueño lúcido, podrá ser más consciente de sus sueños, lo que le facilitará recordarlos más tarde.

Paso 1: Establezca su intención

Antes de acostarse, fije su intención de tener un sueño lúcido. Repita afirmaciones como "Seré *consciente de que estoy soñando*" o "*Tendré un sueño lúcido esta noche*" para ayudar a su mente subconsciente a prepararse para la experiencia.

Paso 2: Comprobación de la realidad

A lo largo del día, realice comprobaciones de la realidad para aumentar su conciencia de si está soñando. Hágase preguntas como "¿Estoy *soñando ahora mismo?*" y realice acciones como mirarse las manos, que pueden aparecer distorsionadas o inusuales en los sueños.

Paso 3: Inducir el sueño lúcido

Existen varias técnicas que puede utilizar para inducir un sueño lúcido. Algunos métodos populares incluyen:

- Técnica de despertarse para volver a la cama (WBTB, del inglés Wake Back To Bed): Programe una alarma para despertarse tras cinco o seis horas de sueño y permanezca despierto entre treinta y sesenta minutos antes de volver a la cama. Esta técnica aumenta sus posibilidades de tener un sueño lúcido.

- Técnica de Inducción Mnemotécnica de Sueños Lúcidos (MILD, del inglés Mnemonic Induction of Lucid Dreams): Antes de irse a dormir, repita una frase como "*esta noche tendré un sueño lúcido*" mientras se visualiza a sí mismo volviéndose lúcido en un sueño. Esta técnica programa su subconsciente para inducir sueños lúcidos.

- Técnica de los sueños lúcidos iniciados en vigilia (WILD, del inglés Wake-Initiated Lucid Dream): Consiste en permanecer despierto mientras su cuerpo se duerme. Túmbese en una posición cómoda y concéntrese en su respiración o en una simple imagen mental. A medida que su cuerpo se duerme, puede entrar en un sueño lúcido.

Paso 4: Mantenga la calma y comprométase con el sueño

Una vez que se dé cuenta de que está en un sueño lúcido, mantenga la calma y comprométase con el sueño. Puede probar diferentes cosas como volar, hablar con los personajes del sueño o explorar su mundo onírico. Cuanto más se involucre con el sueño, más tiempo permanecerá en estado lúcido.

Paso 5: Salir del sueño

Cuando esté listo para despertar, intente salir del sueño con suavidad. Puede intentar cerrar los ojos e imaginarse despertando en la cama o simplemente dejar que el sueño se desvanezca.

4. Crear un mapa de sueños

Cree un mapa visual de sus sueños utilizando imágenes, símbolos y colores. Esto puede ayudarle a recordar sus sueños más vívidamente y a conectar con sus emociones y temas.

Paso 1: Reúna sus materiales

Reúna material artístico como lápices de colores, rotuladores y papel. También puede añadir imágenes de revistas o impresiones de Internet a su mapa.

Paso 2: Prepare el escenario

Empiece dibujando un paisaje o un escenario que represente el mundo de sus sueños. Puede ser un paisaje urbano, un bosque o cualquier otro entorno que recuerde de sus sueños.

Paso 3: Añadir símbolos e imágenes

Piense en los personajes, objetos y acontecimientos que aparecieron en su sueño y dibuje o recorte imágenes que los representen. Utilice símbolos y colores que le parezcan significativos, aunque no coincidan exactamente con los objetos.

Paso 4: Conecte los puntos

A medida que vaya añadiendo más símbolos e imágenes a su mapa, busque conexiones entre ellos. ¿Hay temas o emociones recurrentes? ¿Están siempre presentes juntos determinados objetos o personajes? Dibuje líneas o flechas para conectar estos elementos.

Paso 5: Reflexione sobre su mapa

Una vez que haya terminado el mapa de sus sueños, reflexione durante unos instantes sobre lo que ha creado. ¿Qué temas o emociones están presentes? ¿Hay alguna sorpresa o percepción que haya obtenido del proceso?

Paso 6: Utilice el mapa de sus sueños

Guarde su mapa de sueños en un lugar visible donde pueda verlo con regularidad, como en la pared de su dormitorio o en su diario. Utilícelo como herramienta para recordar y reflexionar sobre sus sueños, y añádalo a medida que tenga nuevos sueños. Cuanto más se comprometa con su mapa de sueños, más vívidos y significativos serán sus sueños.

5. Visualice sus sueños

Utilice técnicas de visualización guiada para ayudarle a recordar y explorar sus sueños con más detalle. Imagínese de nuevo en el sueño y hágase preguntas sobre lo que ha experimentado. Esto puede ayudarle a desvelar significados ocultos y percepciones de sus sueños.

Paso 1: Relaje su mente y su cuerpo

Busque un lugar tranquilo y cómodo donde no le molesten. Cierre los ojos, respire profundamente unas cuantas veces y deje que su cuerpo se relaje. También puede escuchar música tranquilizadora o grabaciones de meditación guiada que le ayuden a relajarse.

Paso 2: Recuerde su sueño

Piense en un sueño reciente que desee explorar más a fondo. Recuerde tantos detalles como sea posible, incluidos el escenario, los personajes y los acontecimientos.

Paso 3: Visualícese en el sueño

Imagínese de nuevo en el sueño como si lo estuviera viendo desarrollarse ante sus ojos. Visualice el escenario y los personajes tan vívidamente como pueda. Intente involucrar todos sus sentidos, notando cualquier sonido, olor o textura que pueda recordar.

Paso 4: Haga preguntas

Mientras se visualiza en el sueño, hágase preguntas sobre lo que está experimentando. Por ejemplo, podría preguntarse: "¿Qué representa este personaje?" o "¿Cuál es el significado de este objeto?". Utilice su intuición e imaginación para explorar diferentes interpretaciones y significados.

Paso 5: Reflexione sobre sus percepciones

Después de haber pasado algún tiempo explorando su sueño a través de la visualización, tómese unos momentos para reflexionar sobre cualquier percepción o revelación que haya obtenido. Anótelas en un diario de sueños, junto con cualquier pregunta o misterio persistente.

6. Utilice el arte del sueño

Cree obras de arte inspiradas en sus sueños, como pinturas, dibujos o collages. Esto le ayudará a conectar con las emociones y los temas de sus sueños y a darles vida de forma tangible.

Pintar o dibujar su expresión de lo que sueña puede ser terapéutico[8]

Paso 1: Prepare sus materiales artísticos

Reúna sus materiales artísticos, como lápices, rotuladores, acuarelas o herramientas digitales. Tenga preparado un cuaderno de bocetos o una hoja de papel para trabajar.

Paso 2: Piense en su sueño

Dedique un momento a concentrarse en el sueño que desea recordar. ¿Qué imágenes o símbolos destacan? ¿Qué colores o emociones se asocian al sueño? También puede consultar las notas o diarios que haya guardado sobre el sueño.

Paso 3: Empezar a crear

Utilice sus materiales artísticos para crear una representación visual de su sueño. Puede ser un dibujo realista, una pintura abstracta o incluso un collage de imágenes y símbolos. Céntrese en captar la esencia del sueño en lugar de intentar recrearlo exactamente.

Paso 4: Añadir detalles y descripciones

Mientras trabaja en el arte de sus sueños, anote cualquier detalle o descripción que le venga a la mente. Esto le ayudará a recordar el sueño con mayor claridad y a establecer conexiones entre los distintos elementos.

Paso 5: Reflexione sobre el arte de sus sueños

Tómese un tiempo para reflexionar sobre el arte onírico que ha creado. ¿Qué emociones o percepciones le despierta? ¿Emerge algún patrón o tema? Anote cualquier pensamiento o reflexión en su diario de sueños.

7. Compartir sueños

Antes de acostarse, concéntrese en pistas o desencadenantes específicos del sueño, como un símbolo onírico recurrente o una emoción concreta. Esto puede aumentar sus posibilidades de reconocer estas pistas en sus sueños y ayudarle a recordar más detalles.

Paso 1: Elija a un amigo o familiar de confianza

Querrá asegurarse de que se siente cómodo siendo vulnerable con ellos y de que le proporcionarán comentarios positivos y apoyo.

Paso 2: Reserve tiempo

Reserve un tiempo para hablar de sus sueños con regularidad. Puede ser una vez a la semana o cada varias semanas, según su horario y disponibilidad. Encuentre un momento que funcione tanto para usted como para su compañero de sueños compartidos.

Paso 3: Recuerde sus sueños

Antes de la hora programada para compartir, asegúrese de recordar claramente sus sueños. Mantenga su diario de sueños junto a la cama y anote tantos detalles como pueda recordar al despertar.

Paso 4: Compartir

Cuando llegue el momento de compartirlo, comience dando una visión general del sueño, incluyendo cualquier emoción, tema o detalle importante que le haya llamado la atención. Sea descriptivo y utilice un lenguaje específico.

Paso 5: Obtener información

Escuche las opiniones y puntos de vista de su compañero para compartir sueños. Haga preguntas y aclare los puntos que no estén claros. Esté abierto a diferentes perspectivas e interpretaciones de sus sueños.

Recordar sus sueños puede ser una herramienta valiosa para el crecimiento personal, el autodescubrimiento y la creatividad. Los sueños pueden proporcionarle una visión de su subconsciente y ofrecerle soluciones a problemas con los que puede estar luchando en su vida de vigilia. Si hace un esfuerzo consciente por recordar y analizar los sueños, podrá obtener una comprensión más profunda de sí mismo y del mundo que le rodea. Además de las técnicas mencionadas, los ejercicios de relajación como la meditación o la respiración profunda pueden aquietar la mente y favorecer un sueño más profundo, lo que se traduce en sueños más vívidos.

También es importante tener en cuenta que no todos los sueños encierran significados o simbolismos significativos. Algunos sueños pueden reflejar simplemente sus experiencias cotidianas o ser el resultado de disparos neuronales aleatorios durante el sueño. Por lo tanto, es esencial abordar la interpretación de los sueños con una mente abierta y no obsesionarse demasiado con tratar de encontrar un significado a cada sueño. También cabe mencionar que los sueños de cada persona son únicos para ella. Las experiencias personales, los antecedentes culturales y las creencias individuales pueden influir en los sueños. Por lo tanto, aunque puede haber algunos símbolos y arquetipos universales, es crucial recordar que la interpretación de un sueño depende en última instancia del soñador.

Capítulo 3: ¿Qué hace en su sueño?

Los sueños a menudo imitan la vida real. Todo lo que ve y experimenta en su vida de vigilia puede introducirse en sus sueños. Cuando cierra los ojos para dormir por la noche, suele verse realizando actividades como correr, comer o reír, mientras que en otros sueños ve realizados algunos de sus peores miedos, como caer del cielo o ahogarse. Sin embargo, con los sueños, todo tiene un significado diferente.

Este capítulo tratará sobre las acciones y actividades cotidianas que ve en sus sueños y lo que simbolizan.

Ahogamiento

El ahogamiento es una de las peores pesadillas, aunque tiene significados positivos y negativos. Puede indicar que está abrumado en su vida de vigilia y necesita un descanso. El sueño también puede significar que está sometido a mucho estrés y siente que se ahoga y necesita recuperar el aliento. Como el agua se asocia con el renacimiento, puede simbolizar la renovación, los nuevos comienzos y la transformación.

Soñar con ahogarse puede tener interpretaciones negativas y positivas'

Evitar el ahogamiento

Si se salva de ahogarse, indica que puede evitar situaciones perjudiciales que pueden afectar a su bienestar espiritual, físico y mental. Aunque se enfrente a retos y obstáculos, los superará y saldrá fortalecido. También significa que la buena suerte se acerca a usted, por lo que debe estar preparado.

Morir ahogado

Si se ahoga y muere en su sueño, es señal de que es incapaz de hacer frente a sus inhibiciones y emociones. Por lo tanto, necesita cambiar su mentalidad y empezar a adoptar una actitud positiva hacia su vida.

Ahogarse en una piscina de natación

Dado que las piscinas están hechas por el hombre, soñar que se ahoga en una indica que alguien de su círculo le está causando problemas o que es usted quien se pone las cosas difíciles. Probablemente se ha fijado metas inalcanzables y no puede cumplirlas. También puede significar que un amigo íntimo en el que confía le está causando problemas. Podrían ser celosos y rencorosos y no tener ningún problema en traicionarle.

Ahogarse en un barco

En sueños, los barcos simbolizan el rumbo que está tomando en su vida. Si sueña que está en un barco que se hunde, es que está a punto de enfrentarse a desafíos en su vida de vigilia. Está sometido a mucho estrés y este sueño le está diciendo que reduzca la velocidad. Probablemente se sienta agotado en su vida de vigilia o se sienta ansioso por su vida en este momento. Si está manejando el barco mientras se hunde, nada va bien en su vida.

Ver ahogarse a un ser querido

Soñar que un ser querido se ahoga sugiere que teme perderlo. Está preocupado por alguien en su vida que podría estar muriendo o luchando con problemas de salud.

Verse ahogado

Si es usted el que se está ahogando, está experimentando emociones negativas en la vida real, como ansiedad, miedo o depresión. Siente que se está haciendo desgraciado y que no puede hacer nada para cambiar su situación.

Comer

Los sueños con comida suelen ser agradables, a menos que esté comiendo algo incomestible. Este sueño podría significar simplemente que se acostó con hambre o que está a dieta y tiene antojo de cierto tipo de comida, como pizza o chocolate. Sin embargo, este sueño puede tener otros significados diferentes. No se trata sólo del acto de comer; la comida y el sabor también pueden tener significados. Si la comida tiene un sabor extraño, es que ha perdido una gran oportunidad en su vida despierta. Experimentar la textura, la sensación y el sabor de la comida en el sueño significa que usted es ambicioso e impulsado a tener éxito.

Comer puede simbolizar el hambre de algo que falta en su vida, como el amor, el reconocimiento o una carrera mejor. Puede sugerir que hay un objetivo que desea o le ilusiona y no puede esperar a cumplir, como comprarse un coche nuevo o perder peso. La forma en que come en su sueño representa lo mucho que desea alcanzar ese objetivo.

Comer solo

Soñar que come solo puede significar varias cosas

Comer solo en su sueño indica que se siente perdido o aislado de las personas de su vida. Sin embargo, si se siente feliz o relajado durante la comida, es que necesita algo de paz y tranquilidad en su vida de vigilia.

Si en su sueño se siente infeliz mientras come solo, es que se siente solo y debe hacer algo para vencer este sentimiento.

Comer algo incomestible

No todos los sueños de comer tienen que ver con la comida. Comer algo incomestible significa que no sabe cómo afrontar los problemas de su vida y que necesita enfrentarse a ellos de inmediato.

Comer con los demás

Comer con otras personas en sus sueños tiene un significado más positivo que comer solo. Muestra su comodidad en situaciones sociales y que tiene una gran relación con las personas de su vida. También puede significar que desea relacionarse con los demás o que le faltan amistades.

Falta de alimentos

La falta de comida o no tener suficiente comida en su sueño indica que falta algo en su vida. También puede tener hambre de nuevas experiencias. Está haciendo algo en su vida que no le produce ninguna satisfacción, o ha alcanzado un objetivo en el que llevaba mucho tiempo trabajando, pero sigue sintiéndose infeliz.

Comer en exceso

Comer en exceso en su sueño significa que está abrumado en su vida de vigilia. Está sometido a mucho estrés y necesita un descanso. También puede indicar que se siente inseguro y necesita impresionar a alguien o que está intentando que una persona que le interesa se fije en usted. El sueño también puede significar que necesita un cambio en su vida.

Alimentos venenosos

La comida venenosa significa que está luchando con un problema en su vida de vigilia. Alguien cercano le ha decepcionado, o un trabajo o una experiencia en la que tenía puestas grandes esperanzas le ha hecho sentirse desgraciado. También puede significar que está trabajando duro para lograr un objetivo, pero no está ni cerca de conseguirlo y se siente desesperanzado.

Caer

Los sueños con caídas son comunes y desagradables, y suelen tener distintos significados. Pueden simbolizar una falta de control sobre diversas cuestiones de su vida, que le provocan ansiedad, miedo e impotencia. Interpretar este sueño depende de encontrar pistas en el contexto de su sueño.

Los sueños con caídas son uno de los más comunes

Soñar con la caída de otra persona

Este sueño significa que le preocupa perder a alguien que le importa, como que su pareja le abandone. También indica que un ser querido está luchando con el control en su vida, y usted está preocupado por él.

Caerse por un ascensor

Soñar que se cae por un ascensor o unas escaleras simboliza un bienestar emocional pobre y poca confianza en sí mismo. También podría preocuparle que las cosas estén cambiando a su alrededor y no pueda seguir el ritmo de los demás. Este sueño también significa que está herido emocionalmente. Si consigue salir del ascensor o alguien le salva, le están llegando nuevas oportunidades.

Caer en la oscuridad

Caer en un lugar desconocido o en un abismo oscuro significa que tiene miedo de algo en la vida real. Su sueño le está diciendo que se enfrente a estos miedos de inmediato. Si se trata de un sueño recurrente, vea qué pistas o mensajes le está dando y reevalúe su vida para ver qué necesita abordar. El miedo a lo desconocido y al futuro suele ser el principal desencadenante de este sueño.

Hacerse daño

Soñar que se cae y se hace daño significa que es incapaz de afrontar ciertos aspectos de sí mismo y de su vida, como no alcanzar sus objetivos o no estar a la altura de sus expectativas. También puede indicar que no puede superar ciertos retos en solitario.

Verse caer

Si es usted el que cae en su sueño, se siente rechazado, ansioso, inseguro, abrumado, inferior, indefenso y fuera de control. Ver a alguien empujándole por un precipicio significa que se siente inseguro en su vida. Sufre de baja autoestima si tropieza y cae desde un acantilado. En todos los contextos, usted no se siente en control de su vida. Caer de un avión llevando un paracaídas indica libertad y soltar lo que le retiene.

Tropiezos y caídas

Si no puede ver con qué ha tropezado, significa que alguien en su vida le está sacando de quicio. Si tropieza con un plátano o con cualquier otro objeto, debe cuidarse a sí mismo y a las personas de su vida. El sueño también puede tener un significado positivo, como recibir una sorpresa inesperada y feliz.

Volar

Volar puede ser un sueño placentero o aterrador, dependiendo del contexto. Puede significar sentirse libre y que todo es posible. Puede ir a cualquier parte, hacer cualquier cosa y ser cualquiera. Demuestra que puede manejar cualquier cosa que la vida le depare.

El significado negativo de este sueño refleja que hay algo en su vida con lo que no puede vivir y de lo que intenta escapar. A veces, este sueño significa que usted está estresado en su vida de vigilia.

Volar en avión

Volar en sueños simboliza que usted tiene el control de su vida y de hacia dónde se dirige. Los aviones le llevan de un destino a otro, por lo que el sueño puede indicar que se dirige a otro lugar o que inicia un nuevo capítulo en su vida. Si el avión se estrella o experimenta turbulencias, se enfrentará a obstáculos en su camino.

En caída

Si está volando y de repente se ve cayendo, significa que está luchando contra el crecimiento personal y la superación personal. Puede tener obstáculos en su vida que le impidan avanzar y necesita superarlos.

Miedo a volar

Sentir miedo mientras vuela sugiere que usted tiene pensamientos negativos. Estos pensamientos le impiden disfrutar de su vida y de todo lo que le ofrece. También puede significar que está apegado a su pasado, que tiene la necesidad de tener siempre el control o que sus objetivos son difíciles de alcanzar.

Volando alto

Volar alto en su sueño representa la libertad, la falta de obstáculos y el éxito. Usted ha superado algunos retos en su vida de vigilia, como conseguir un ascenso por el que ha trabajado duro o alcanzar el éxito financiero. Sin embargo, este sueño también puede tener un significado diferente. Usted puede presumir constantemente de sí mismo delante de los demás, y su subconsciente le dice que debe tener los pies más en la tierra.

Volar con alas

Si sueña que tiene alas y vuela como un pájaro, indica que tiene un espíritu libre o que está experimentando nuevos comienzos y se siente esperanzado. También puede significar que se le presentan grandes oportunidades que le traerán alegría y felicidad. El sueño puede simbolizar que se siente con poder y fuerte. Ha conseguido deshacerse de todo lo que le retiene y se siente invencible.

Luchando por volar

Soñar que le cuesta volar o que es incapaz de mantenerse en el aire más de unos segundos sugiere que algo en su vida le impide mejorar o avanzar. Está intentando decirle dónde radica el problema, así que preste atención al contexto de su sueño; puede proporcionarle pistas.

Riendo

Reír siempre es agradable, pero como todo en el mundo de los sueños, puede tener significados positivos y negativos. Si su risa es natural y no histérica, significa que está feliz y satisfecho en su vida de vigilia. Reír también puede significar que está abrumado por la tensión y el estrés, y que necesita cuidarse y divertirse. El sueño también representa su satisfacción con su vida. La mayoría de las personas se despiertan sonriendo cuando se ríen en su sueño.

Reír y llorar

Soñar que ríe y llora al mismo tiempo indica confusión. Probablemente ha vivido situaciones difíciles en los últimos meses, se siente sensible y lucha por salir adelante. Cada vez que intenta mantenerse positivo, se ve arrastrado de nuevo a un círculo de oscuridad y negatividad. Nadie puede ayudarle excepto usted.

Reír a carcajadas

Este sueño significa que le gusta ser el centro de atención. Quiere que todas las miradas estén puestas en usted y siempre intenta conseguir una reacción de los demás. Hay algo en usted que hace que la gente disfrute de su compañía y se ría allí donde esté. Desea caer bien, lo que le vuelve loco cuando le cae mal a alguien.

Reír en silencio

Reír tranquilamente en un sueño refleja su paciencia. Usted está tranquilo y sereno, y no deja que el estrés le afecte. Sea cual sea la situación, usted nunca reacciona con ira o agresividad.

Alguien más ríe

Soñar con alguien que se ríe significa que pronto vivirá experiencias felices. Puede que se vaya de vacaciones con sus amigos o un ser querido, o que pronto celebre una buena noticia. El sueño también puede presagiar que algo que está esperando ocurrirá por fin, como casarse, tener un bebé o conseguir un ascenso.

Alguien se ríe de usted

Soñar que alguien se ríe de usted significa que algo en su vida requiere atención y que debe forzarse a manejar la situación. También puede indicar que usted tiene una personalidad fuerte. Este sueño también puede ser una advertencia de que está a punto de recibir malas noticias o de que está rodeado de energía negativa.

Risa incontrolable

Este sueño refleja sus emociones fuera de control. Pierde fácilmente los nervios y reacciona sin pensar. Le está diciendo que deje de reaccionar de forma exagerada ante cada situación y que piense antes de hablar.

Correr

Correr es uno de los sueños más recurrentes. No suele ser un sueño agradable, ya que usted escapa de algo o persigue a alguien. Por lo general, correr significa escapar de la realidad, crecimiento personal, alejarse de sus problemas, superar retos y, en algunos casos, experimentar alegría. Si corre rápido y con fuerza, debería encontrar un objetivo en su vida hacia el que correr.

Correr despacio significa que le costará alcanzar sus objetivos en la vida real. También podría estar corriendo para evitar algo o a alguien en su vida real, como una tarea laboral, un examen o problemas de pareja. Cuando huye de algo o hacia algo, se siente ansioso o culpable por un asunto de su vida despierto. Correr sin un propósito indica preocupación y ansiedad por su futuro o que se siente atrapado o le cuesta tomar una decisión.

Huir de alguien

Soñar que huye de alguien o de algo significa que intenta evitar o escapar de sus miedos. Se siente en peligro o amenazado, así que huye. A veces, puede estar huyendo de algo dentro de usted, como sus impulsos o sus luchas internas. Ver la cara de la persona o cosa que le persigue puede darle una idea de lo que le preocupa.

Correr para hacer ejercicio

Soñar que está corriendo para hacer ejercicio representa que está trabajando para mejorarse a sí mismo y a su vida. Sin embargo, el sueño también puede indicar que está malgastando su esfuerzo en cosas equivocadas, como un proyecto o una carrera. Analice e investigue el asunto detenidamente antes de dar ningún paso.

Correr con miedo

Si está corriendo para salvarse de alguien que le persigue y tiene miedo, se siente protegido y seguro en su entorno. También puede estar dirigiéndose por un camino peligroso, y este sueño le sirve de advertencia para que tenga la guardia alta. Este sueño también puede reflejar ciertos problemas con los que está luchando en su vida de vigilia.

Correr para esconderse

Si sueña que corre para esconderse, debe mirarse a sí mismo y reevaluar su vida. Puede que esté sometido a mucho estrés y necesite bajar el ritmo, o que las cosas estén cambiando a su alrededor y no se sienta en control. Este sueño también simboliza la evasión. Hay un asunto en su vida que no puede afrontar, como un secreto o un recuerdo triste que intenta bloquear.

Correr hacia alguien

Correr hacia alguien en sus sueños tiene dos significados. Puede indicar que está trabajando en un objetivo difícil, pero lejos de conseguirlo. En este caso, evalúe sus estrategias para determinar qué necesita cambiar. También puede reflejar su ambición y su deseo de alcanzar sus objetivos inmediatamente. Va por buen camino y puede lograr todo lo que se proponga y convertir su sueño en realidad.

No se puede ejecutar

Soñar que intenta correr, pero no puede mover los pies es un sueño recurrente, normalmente resultado de la parálisis REM. Sin embargo, puede reflejar que sufre de baja autoestima.

En el país de los sueños, nada es lo que parece. Ahogarse puede tener un significado positivo, mientras que la risa puede tener uno negativo. Preste atención a sus sueños y comprenda el significado que hay detrás de todo lo que ve. Su subconsciente le está pintando un cuadro y cada detalle importa.

Capítulo 4: Lugares y significados de los sueños

Los sueños tienen lugar en escenarios reales o imaginarios. Lo más frecuente es que cambien durante el sueño, mientras que otras veces, ni siquiera se fija en el lugar, ya que los acontecimientos tienen prioridad. Cuando la gente interpreta sus sueños, suele centrarse más en el escenario que en el lugar en el que ocurrió. Sin embargo, de forma similar a las acciones, su subconsciente también está intentando decirle algo a través de la localización de sus sueños.

Los mundos oníricos reflejan su mentalidad. No simbolizan un lugar, sino lo que usted piensa en su vida de vigilia. Por ejemplo, soñar con su oficina significa que está preocupado por su trabajo. Si sueña con volver a la escuela, le preocupan las lecciones de vida que espera aprender. Soñar con la casa de su infancia sugiere que sigue apegado al pasado. Una vez que comprenda el significado que hay detrás de los distintos lugares comunes, se comprenderá mejor a sí mismo.

Este capítulo tratará sobre los diferentes lugares de los sueños y los significados y simbolismos que hay detrás de ellos.

Parque de atracciones

Soñar con un parque de atracciones simboliza su necesidad de tomarse un descanso y divertirse. Quizá haya estado trabajando demasiado y necesite más tiempo para usted. También puede indicar que siente nostalgia de su despreocupada infancia. El sueño podría reflejar además su deseo de escapar de la realidad, aunque sea temporalmente.

Soñar con un parque de atracciones simboliza la necesidad de un descanso[7]

Si no se divierte en el parque, se siente atrapado y no tiene ningún control sobre su vida.

Parque de atracciones abarrotado

Soñar con un parque de atracciones abarrotado refleja su miedo a la soledad. Necesita el amor y el apoyo de su familia y amigos para combatir este sentimiento. También puede significar que le cuesta tomar una decisión. Muchas personas intentan influir en su opinión y usted no puede pensar con claridad.

Montaña rusa

Una montaña rusa en sueños indica que no se toma nada en serio. Significa que está intentando mejorar su vida y tomárselo día a día. Montar en una montaña rusa con un ser querido simboliza los altibajos de su relación. Representa su deseo de vivir experiencias nuevas y divertidas con ellos. La montaña rusa también puede simbolizar que su relación con esta persona cambiará o que factores externos afectarán a ambos. Estos cambios serán positivos si se divierte en el viaje. Sin embargo, si se siente asustado o incómodo, serán desagradables. Si no está disfrutando del paseo en el sueño, no aceptará los cambios en su vida de vigilia.

Playa

Ver la playa en sueños sugiere reflexionar sobre sí mismo y su vida. Está a punto de experimentar grandes cambios que pueden ser buenos o malos, como una proposición de matrimonio o una ruptura. También significa que está en paz con cualquier cosa que ocurra en su vida. Ha decidido ver el lado positivo y aceptar cualquier cosa que le ocurra con una sonrisa y gratitud. Este sueño sugiere que está a punto de irse de vacaciones, que serán una escapada muy necesaria para poder recargar las pilas y volver a centrarse en sus objetivos.

Playa vacía o desierta

Este sueño significa que se siente vacío por dentro. Su subconsciente le está diciendo que mire hacia dentro para encontrarse a sí mismo y llenar el vacío. Olvídese de lo que tiene que hacer y céntrese en las cosas que le aportan alegría. Este sueño también puede simbolizar una transición.

Una playa desierta significa que está agotado y que necesita desesperadamente un descanso. Quiere estar en un lugar sin nada ni nadie de quien preocuparse salvo de usted mismo.

Tomar el sol en la playa

Este sueño simboliza la nostalgia y el regreso a una época en la que usted estaba despreocupado y en paz. También significa que anhela experimentar algo nuevo y sorprendente.

Hogar de la infancia

Soñar con su infancia significa que siente nostalgia del pasado. Probablemente se siente poco apoyado y querido por las personas de su vida y busca el consuelo de su infancia. O simplemente, su cerebro está intentando escapar de lo desagradable de su vida de vigilia hacia un recuerdo seguro y feliz. También puede significar que añora una época en la que la vida era sencilla. A veces, el pasado puede traer malos recuerdos y resentimiento, y su subconsciente le está diciendo que es hora de enfrentarse a él y dejar ir la ira y el dolor.

Un hogar mejor para la infancia

Soñar con una casa de la infancia mejor y más grande sugiere que los principios e ideales con los que ha crecido han influido positivamente en su vida. Su infancia feliz ha influido en la persona fuerte y de éxito en la que se ha convertido.

La casa de la infancia destruida

Soñar que destruyen la casa de su infancia sugiere que le persiguen recuerdos desagradables. También puede significar que un viejo secreto que ha guardado toda su vida ha salido ahora a la luz. Tal vez se ha creado una falsa imagen de su infancia y ahora se revela la verdad.

Iglesia o templo

Ver un lugar de culto en su sueño, como una iglesia o un templo, indica que necesita el apoyo y la orientación de un dios o de un lugar superior. También significa que se enfrenta a dos opciones y no sabe cuál es la correcta para usted. También está luchando con preguntas existenciales como "¿Por qué está aquí?" o "¿Qué le depara el futuro?". Los lugares de culto en sueños pueden reflejar su deseo de conectar con su lado espiritual.

Estar en una iglesia o templo

Si está luchando con dificultades en su vida de vigilia, este sueño representa su frustración y confusión sobre qué hacer en esta situación. Está desesperado, siente que no hay salida y está a punto de renunciar a sus objetivos. Su autoestima se tambalea y ya no tiene fe en sus capacidades. Los lugares de culto simbolizan su fe. Estar en una iglesia o templo en su sueño es señal de que puede superar estos obstáculos.

Iglesia o templo cerrado

Ver una iglesia o un templo cerrado en su sueño significa que se siente desamparado y solo. Quizá un amigo íntimo o un familiar le haya decepcionado recientemente. Su subconsciente le está diciendo que tome el camino correcto y abra su corazón al perdón.

Ciudad

Una ciudad en sueños simboliza un estilo de vida acelerado y animado. Puede indicar que su vida está cambiando a un ritmo con el que no se siente cómodo y que le cuesta seguir el ritmo, por lo que debería hacer una pausa y reflexionar. Dado que la ciudad se asocia con nuevas oportunidades, este sueño sugiere que usted tiene esperanzas y cree que se le avecinan cosas buenas. Soñar que trabaja en una ciudad significa que su trabajo es su prioridad número uno, y que ha afectado a sus relaciones con sus seres queridos. O está insatisfecho con su carrera actual y busca un cambio.

Ciudad abandonada

Una ciudad abandonada en sueños sugiere separación y el fin de una relación. Quizá esté intentando salvar su matrimonio sólo para darse cuenta de que usted es el único que aguanta y la otra persona ya no está interesada. Este sueño es una señal de que debe alejarse antes de que empiece a resentirse. O tendrá una gran pelea con un ser querido que irá a más y acabará con su relación.

Vagando por la ciudad

Este sueño significa su naturaleza indecisa. Pronto le costará tomar una decisión porque las dos opciones le resultarán atractivas. No querrá tomar la decisión equivocada y arrepentirse más tarde. Este sueño es una advertencia de que algunas personas pueden aprovecharse de su confusión e influir en usted para que tome una decisión que les beneficie.

Soñar que deambula por una ciudad extraña sugiere que se mudará a un nuevo país o que vivirá una situación desconocida. Al principio le costará asumir el cambio, sobre todo si implica conocer a gente nueva. Sin embargo, con el tiempo, se adaptará y abrazará su nueva vida.

Si se pierde mientras deambula por una ciudad, significa que está luchando por tomar una decisión relacionada con su carrera. Tal vez quiera iniciar su propio negocio, pero le preocupa asumir el riesgo. También puede significar que le han ascendido en su vida de vigilia o que le han asignado un nuevo proyecto, y se siente abrumado por sus nuevas responsabilidades. Le resulta difícil tomar cualquier decisión porque sabe que afectará a otras personas. También puede indicar que se siente confuso en el lugar de trabajo. La dirección o sus responsabilidades han cambiado y ya no está seguro de lo que se espera de usted.

Campo

Soñar con el campo indica que se siente agotado y estresado en su vida de vigilia. Sus relaciones y las personas de su vida también pueden hacerle sentir constreñido. Estar en el campo simboliza la paz y la libertad que usted anhela. Desea escapar de su vida caótica a un entorno tranquilo y natural. El sueño significa además que se siente libre de las normas impuestas por la sociedad.

Vivir en el campo

Soñar que vive en el campo indica que las cosas van a funcionar en su vida. Ha encontrado a la persona con la que quiere pasar el resto de su vida o por fin ha encontrado una carrera que le hace feliz. Por fin tiene el control de su vida.

Visitar el campo

Si sueña con visitar el campo, es que necesita un descanso o unas vacaciones para alejarse de todo. También puede indicar que está a punto de experimentar cambios positivos en su vida. Cualquier cosa que le preocupe o le cause estrés está a punto de terminar.

Bosque

Soñar con un bosque puede indicar sentimientos de inseguridad"

Soñar con un bosque significa que está buscando algo que ya no existe. Caminar por un bosque puede indicar que se siente inseguro e intranquilo. También simboliza la transformación y la reflexión. Su subconsciente le está diciendo que mire hacia dentro y reevalúe su forma de afrontar los obstáculos de la vida y de encontrar la felicidad. Además, puede significar que debe ser consciente de su entorno para protegerse y evitar problemas.

Estar en un bosque

Soñar que está en un bosque sugiere que debe ser precavido. Puede tener problemas en el trabajo que requieran toda su atención. También puede indicar que experimentará discordias con otros miembros de su familia. Este sueño puede servirle de advertencia de que alguien en su vida le traicionará. No comparta sus miedos o inseguridades con personas en las que no confíe; pueden utilizar sus debilidades en su contra.

Perderse en un bosque

Este sueño es señal de que probablemente experimentará decepciones y traiciones. También significa que debe estar agradecido por lo que tiene porque las circunstancias pueden cambiar en cualquier momento. Si se encuentra en una situación difícil en estos momentos, este sueño le está diciendo que aprenda de las dificultades, ya que le harán más fuerte y las cosas mejorarán.

Biblioteca

Soñar con una biblioteca simboliza sus vastos conocimientos y su sabiduría. Sus seres queridos a menudo buscan su consejo y confían en su opinión. También indica que se le oculta cierta información y que algunas personas de su vida no son lo que parecen. Su subconsciente le está diciendo que investigue más y que sea cuidadoso y esté alerta para descubrir lo que se oculta. Este sueño le está diciendo además que mire en su interior para encontrar las respuestas que busca.

Bibliotecas vacías y abandonadas

Soñar con una biblioteca vacía es señal de que está a punto de enfrentarse a algún problema en su vida profesional. Puede que su empresa se enfrente a problemas financieros y tenga que despedir a algunas personas, o que su rendimiento no esté a la altura de sus estándares, por lo que le preocupa que puedan despedirle. Tal vez, uno de sus compañeros de trabajo le apuñale por la espalda y le haga perder su empleo.

Ver una biblioteca abandonada en su sueño implica renunciar a sus objetivos profesionales y académicos para centrarse en su familia. Su subconsciente le está diciendo que siga persiguiendo sus sueños o vivirá lamentándose.

Gente en una biblioteca

Soñar con extraños en una biblioteca significa que debe comprender sus puntos fuertes, sus debilidades y sus capacidades antes de iniciar cualquier nuevo proyecto. Si sueña con amigos o familiares en una biblioteca y esta persona le guía, estará aprendiendo de ellos en su vida de vigilia. Le abrirán los ojos a conocimientos que ni siquiera sabía que existían. Si está solo en una biblioteca, es señal de que acabará alcanzando todos sus objetivos.

Pasillo largo

Soñar con un largo pasillo simboliza su pasión, liderazgo, entusiasmo y valentía. También significa transformación en su vida. Sin embargo, usted no está dispuesto a aceptar el cambio. Usted quiere que todo siga igual. Este sueño simboliza además nostalgia, preocupaciones e inseguridad.

Correr por un largo pasillo

Este sueño sugiere mala salud o tristeza en su vida de vigilia. Su subconsciente le está diciendo que vaya más despacio y se centre en usted mismo. Indica que algo en su vida requiere su atención inmediata. El sueño refleja dudas sobre sí mismo. Usted no cree tener lo necesario para alcanzar sus objetivos. También insinúa que experimentará el final de su negocio o relación.

Caminando por un largo pasillo

Este sueño sugiere que está a punto de iniciar un nuevo capítulo en su vida y que debe estar preparado para ello. Sin embargo, su subconsciente le está diciendo que sopese todas sus opciones antes de tomar cualquier decisión.

Escaleras

Los sueños con escaleras significan crecimiento personal y trabajo para alcanzar sus objetivos. Simbolizan los pasos que debe dar para tener éxito en su vida de vigilia. También reflejan los altibajos que siente en su vida cotidiana.

Subiendo las escaleras

Soñar que sube las escaleras simboliza la consecución de sus sueños. Refleja su naturaleza ambiciosa. Unas escaleras largas significan que su objetivo no será fácil de alcanzar y que se enfrentará a retos en el camino. Si sube las escaleras con dificultad, se enfrenta a contratiempos en su vida de vigilia. Su subconsciente puede estar advirtiéndole que haga una pausa y se cuide.

Bajando las escaleras

Este sueño significa que desciende de un alto cargo, como si le degradaran en el trabajo. También significa que algo en su vida le está estresando y se siente aplastado bajo su peso. La dificultad para bajar las escaleras simboliza indecisión hacia el cambio. Si baja la escalera con facilidad, usted es optimista y confía en el futuro.

Túnel

Soñar con túneles significa que está preparado para dejar atrás el pasado y centrarse en el futuro. Representan el camino que recorre y los retos a los que se enfrenta en la vida. Los túneles reflejan sus fuertes capacidades y su actitud positiva incluso cuando se enfrenta a retos y dificultades. Si tiene este sueño durante un momento difícil de su vida despierta, su subconsciente le está enviando un mensaje para que se mantenga fuerte y siga adelante. Saber a dónde conduce el túnel en su sueño significa que se siente seguro y tranquilo sobre el camino que está tomando en su vida de vigilia. Sin embargo, si la ruta no está clara, se siente inseguro sobre sus decisiones.

Estar en un túnel

Este sueño implica que ha superado retos en su vida de vigilia que le impedían alcanzar sus objetivos. Ahora que los ha logrado, está a punto de emprender un nuevo y emocionante viaje.

Quedarse atrapado en un túnel

Soñar que se queda atrapado en un túnel sugiere que un malentendido entre usted y un amigo desembocará en una gran pelea. Si el túnel es oscuro, se enfrenta a retos en su vida y busca apoyo. La oscuridad indica que se siente solo. Está atravesando momentos difíciles y se niega a confiar o abrirse a alguien.

Todas las historias tienen lugar en algún lugar, y las historias de sus sueños no son diferentes. La ubicación de su sueño es un mensaje de su subconsciente sobre el estado de su mente. Entrénese para fijarse en dónde tienen lugar sus sueños. Cuantos más lugares encuentre, más mensajes deberá descifrar. Comprender el significado que hay detrás de estos lugares le dará una visión de su mente y le revelará secretos sobre usted mismo que le sorprenderán. A la hora de interpretar los sueños, siga el consejo de los agentes inmobiliarios y céntrese en el lugar, lugar, lugar.

Capítulo 5: Simbolismo onírico de los cuatro elementos

Los símbolos se han utilizado a lo largo de la historia para representar conceptos y sentimientos abstractos, y los sueños no son una excepción. El simbolismo onírico en los cuatro elementos, fuego, tierra, agua y aire, es una antigua técnica griega de conexión con el mundo natural. En un sueño, cada elemento representa algo único. Tanto si sueña con un fuego furioso, una exuberante playa tropical o una poderosa ráfaga de viento, los elementos ofrecen una forma única de comprender sus pensamientos y sentimientos más íntimos. Este capítulo explorará por qué comprender el simbolismo de estos elementos puede ayudarle a descifrar el significado de sus sueños y a obtener una visión más profunda de su subconsciente.

Los cuatro elementos

El origen de los cuatro elementos en los sueños se remonta a la antigua Grecia. Este sistema de creencias, denominado Teoría de los Cuatro Elementos, fue fundado hacia el 450 a.C. y retomado posteriormente por Aristóteles. Sugería que toda la materia de la Tierra estaba compuesta por cuatro elementos fundamentales: Fuego, agua, tierra y aire. Según la antigua Grecia, los sueños eran una manifestación de los cuatro elementos del universo.

1. Se creía que el fuego era el elemento de la creatividad y la pasión
2. El agua se asociaba con las emociones y el inconsciente

3. La Tierra estaba vinculada a la realidad física
4. El aire estaba conectado con el reino espiritual

Para los antiguos griegos, los cuatro elementos eran esenciales para comprender la experiencia humana, y el proceso de soñar era una extensión de ello. Esta teoría formó parte integral del desarrollo de la filosofía occidental y ha sido adoptada por muchas culturas de todo el mundo. Hoy en día, los cuatro elementos siguen utilizándose como un aspecto intrínseco de la interpretación de los sueños.

- El fuego aparece a menudo en los sueños como símbolo de pasión, energía, fuerza y creatividad. Representa el impulso, la ambición y la motivación. El fuego puede ser señal de un deseo ardiente o una advertencia para que tenga cuidado con algo que podría ser peligroso.
- La tierra se asocia con la estabilidad, el arraigo y el sentido práctico. Un recordatorio para mantenerse en sintonía con el momento presente y centrarse en lo importante, la tierra representa su conexión con el mundo físico y con los demás.
- El agua es un elemento de emoción, intuición y creatividad. Refleja sus sentimientos más íntimos, así como sus deseos subconscientes. El agua también es un signo de apertura al cambio o de aprendizaje de experiencias pasadas.
- El aire se asocia con la comunicación, la claridad y la libertad. Signo de la necesidad de expresarse abiertamente o de estar abierto a nuevas ideas y perspectivas, el aire representa la necesidad de claridad en una situación difícil.

Profundicemos en cada uno de los cuatro elementos para que pueda evaluar la energía global de su sueño y obtener una visión en profundidad del mensaje potencial y el propósito del sueño.

Fuego

El fuego es un símbolo poderoso con una amplia gama de interpretaciones. Desde la pasión y la transformación hasta la destrucción y la ira, el simbolismo del fuego depende del contexto del sueño, de sus sentimientos y de su estado de ánimo actual. Un sueño en el que aparece un fuego furioso podría simbolizar:

- Emociones intensas, como la ira, la rabia o la pasión.
- Una transformación poderosa, como un nuevo comienzo o un renacimiento.
- Calidez, comodidad y seguridad.

El fuego también puede ser un símbolo de destrucción. Si el soñador se siente abrumado o se enfrenta a una situación difícil, el fuego puede estar advirtiéndole del peligro que se avecina o representar la destrucción que podría producirse si el soñador no tiene cuidado. El color del fuego también puede ser significativo:

- El fuego amarillo o naranja brillante puede representar la energía, el calor y la pasión.
- El fuego rojo puede simbolizar la ira o la rabia.
- El fuego azul puede representar una transformación espiritual o una influencia tranquilizadora.

Incendio de una casa

Los sueños sobre incendios domésticos suelen interpretarse como una señal de miedo o ansiedad. El simbolismo del fuego está relacionado con la inseguridad, la vulnerabilidad y la ira, además de indicar una falta de control y un deseo muy arraigado de tomar más las riendas de su vida. El sueño sugiere:

- Falta de control.
- Una situación que se siente impotente para cambiar.
- Una señal de impulsos o hábitos destructivos de los que necesita deshacerse.
- Peligro potencial.
- Que se siente abrumado.

Dado que el fuego se asocia con la transformación, la destrucción y la renovación, el incendio de una casa puede simbolizar:

- Un deseo de empezar de nuevo o un periodo de transición.
- Aspectos de su vida que deben abordarse o cambiarse.
- Pasión e intensidad, por lo que podría ser representativo de emociones fuertes.

Estar cerca de un incendio/Fuego en la distancia

Si sueña que está cerca de un fuego ardiente, significa que se siente abrumado por emociones intensas y necesita encontrar una forma de expresarse.

- Si usted mismo enciende el fuego en su sueño, es que desea con fuerza crear algo nuevo o iniciar un nuevo proyecto. También indica que necesita tomar las riendas de su vida y ser más firme.
- Por otro lado, si el fuego de su sueño ya está encendido, se siente con energía y listo para asumir nuevos retos.

Soñar con un fuego ardiente en la distancia significa una crisis inminente o una advertencia de peligro potencial.

- Si se siente en conflicto o está luchando con algo, el fuego representa la intensidad de la situación, y la distancia representa lo lejos que se siente una solución.

Un fuego en la distancia también simboliza su pasión y entusiasmo por algo en su vida, pero aún tiene que esforzarse para conseguirlo. No obstante, su entusiasmo y su pasión arden con fuerza y está avanzando hacia la consecución de algo.

Usted está en llamas

Soñar que usted mismo se prende fuego es señal de transformación y renacimiento. Este tipo de sueño suele indicar que está atravesando un periodo de crecimiento y desarrollo personal. También significa un deseo de hacer cambios en su vida, como cambiar de profesión o iniciar una nueva relación, pero tiene miedo al fracaso o a ser juzgado por los demás. En definitiva, el simbolismo de este sueño podría interpretarse de diferentes maneras, dependiendo del contexto y de los detalles del sueño. Por ejemplo:

- Si sueña que le envuelven las llamas y siente una sensación de libertad, significa que está preparado para asumir riesgos y hacer cambios audaces en su vida.
- Por el contrario, si se siente abrumado por las llamas, es señal de que está abrumado por los retos de la vida o se siente atrapado en una situación insatisfactoria.

Alguien más está ardiendo

Soñar que otra persona se incendia puede ser fuente de confusión y temor. Puede ser difícil hacerse a la idea del simbolismo de un sueño así, sobre todo si se trata de alguien a quien quiere. En cualquier caso, recuerde que estos sueños son simbólicos y no deben tomarse al pie de la letra. Tómese su tiempo para reflexionar sobre lo que significan los sueños y cómo se aplican a usted. En el simbolismo onírico, que otra persona esté ardiendo puede indicar una necesidad de cambio o transformación en su vida:

- Es un signo de ira o resentimiento hacia ellos y significa que debe enfrentarse a ellos y mantener una conversación sincera.
- Es una señal de deseo o de querer ver sufrir a esa persona de alguna manera.
- Es una señal de que necesita desprenderse de algo que le retiene, ya sea una relación tóxica o un hábito destructivo.

Esencialmente, los sueños de este tipo simbolizan el final de una fase concreta de su vida o el comienzo de algo nuevo y emocionante. Sin embargo, debe abordar lo que le esté frenando antes de seguir adelante.

Tierra

Generalmente, cuando se sueña con tierra, simboliza estabilidad y seguridad. Concretamente, indica la necesidad de mantenerse enraizado y conectado a las propias raíces. Puede recordarle que debe mantenerse fiel a sí mismo y a sus valores. La tierra también representa:

- Fertilidad y crecimiento, lo que sugiere que el soñador se encuentra en un buen momento de su vida y puede manifestar sus sueños y deseos.
- Una advertencia para centrarse en el presente, ya que las acciones del soñador ahora determinarán el futuro.
- Signo de abundancia y prosperidad, ya que la tierra es abundante y siempre proporciona lo necesario.

El simbolismo de la tierra en sueños está relacionado con la propia madre y la familia. Sirve como recordatorio de que uno debe cuidar de la familia o apreciar el tiempo que pasa con ella. Como la tierra es la criadora por excelencia, representa la necesidad de nutrirse y ser compasivo.

Una catástrofe natural

Soñar con catástrofes naturales como terremotos, inundaciones, huracanes y tornados puede interpretarse de varias maneras, según los detalles del sueño. Por ejemplo:

- Si sueña con un terremoto, representa un trastorno en su vida. Puede tratarse de algo grande, como una mudanza o un nuevo trabajo, o de algo más pequeño, como el final de una relación.
- Soñar con una inundación representa una liberación emocional. Simboliza una sensación abrumadora de emociones que usted ha estado reteniendo.
- Por el contrario, si sueña que ve una inundación, es señal de que está dejando atrás algo que le retiene, como una relación tóxica o un hábito poco saludable.
- Soñar con un huracán, un tornado u otra tormenta poderosa representa un periodo de intenso crecimiento o transformación. La intensidad de la tormenta indica el nivel de transformación que está atravesando. Si la tormenta fue destructiva, significa el final de un viejo capítulo, mientras que, si fue calmante, significa que un nuevo comienzo está a punto de desarrollarse.

Dependiendo de cómo se sintiera durante el sueño, puede tomar estos escenarios de catástrofes naturales como positivos o negativos. Si se siente asustado e indefenso, representa una falta de control sobre su vida. En cambio, si se siente lleno de energía y dispuesto a afrontar el peligro, representa la voluntad de aprovechar nuevas oportunidades.

Ser enterrado

Cuando sueña que le entierran en la tierra, puede significar una variedad de cosas diferentes dependiendo del contexto del sueño:

- El deseo de escapar de una situación difícil.
- Estar abrumado.
- Un deseo de estar protegido del mundo exterior.
- La sensación de estar atascado en la vida.
- El deseo de estar más cerca de la naturaleza.
- Un sentimiento de estar agobiado por las responsabilidades de la vida.

Cuando se trata de simbolismos oníricos como éste, considere el contexto del sueño y cómo se sintió al despertar. Si sintió alivio o una sensación de liberación, el sueño representa el deseo de escapar de una situación difícil. Si el sueño le dejó una sensación de impotencia o agobio, significa que está abrumado. Por otro lado, si el sueño le dejó sintiéndose seguro y protegido, representa el deseo de estar protegido del mundo exterior.

Ver los planetas en el cielo

Los sueños pueden ser un fenómeno fascinante y misterioso. Cuando sueña que ve los planetas en el cielo, puede ser un reflejo de sus pensamientos y emociones más íntimos. Este tipo de sueños simbolizan:

- Ambición, exploración y deseo de alcanzar las estrellas.
- La necesidad de ampliar sus horizontes y explorar el mundo.
- El deseo de comprenderse mejor a sí mismo y al mundo que le rodea.
- Sentirse abrumado por la enormidad de la vida y las responsabilidades que conlleva. Su subconsciente le está diciendo que dé un paso atrás y reevalúe la dirección en la que se dirige.

Mirando la Tierra desde el espacio

Soñar que mira a la Tierra desde el espacio es un poderoso símbolo de perspectiva y distancia espiritual y física. Representa comprensión, claridad y distancia respecto a su situación actual. Su subconsciente le está diciendo que mire una situación desde un ángulo diferente, que dé un paso atrás y adquiera cierta distancia emocional. Ver la Tierra desde el espacio representa:

- La necesidad de crecimiento y desarrollo espiritual.
- Un recordatorio para que saque algo de tiempo de su ajetreada vida y lo dedique a sí mismo o a la naturaleza.
- Una señal para tomarse un descanso de la tecnología y volver a conectar con uno mismo y con el mundo natural, permitiéndose adquirir una nueva perspectiva.
- La necesidad de distancia física o de cambio.

Agua

Cuando sueña con agua, indica un estado emocional: sentimientos como la calma, la tranquilidad, el equilibrio, el miedo, la ansiedad y la turbulencia. El agua habla de las profundidades de su subconsciente, que puede ser oscuro y misterioso, y simboliza sentimientos que no puede expresar en su vida de vigilia. El agua también representa:

- Limpieza y renovación espiritual.
- Un signo de despertar y crecimiento espiritual.
- Nuevos comienzos y oportunidades.
- Un viaje de transformación.

Por último, soñar con agua en cualquier estado implica una conexión con lo divino: Un signo de estar en sintonía con su yo superior, lo que significa que está dispuesto a realizar cambios positivos.

El océano

Soñar con el océano puede indicar expresividad emocional°

Si está nadando, navegando o flotando en el océano, viéndolo de lejos o de cerca, suele indicar que algo está siendo liberado o arrastrado o que está en proceso de expresarse emocionalmente. También es un signo de limpieza espiritual o de conexión con lo desconocido. Dado que el océano simboliza la inmensidad del inconsciente y las profundidades interiores del alma, soñar con él le recuerda que debe confiar en su intuición e instintos y explorar sus profundidades. En algunos casos, soñar con el océano indica miedo a lo desconocido o sentirse abrumado por las emociones o el estrés. Soñar con el océano representa

- Crecimiento y transformación.
- Una nueva etapa en la vida.
- Un periodo de sanación y renovación.
- Una fuente de vida y abundancia en un futuro próximo.

Lagos y ríos

Soñar con lagos y ríos puede interpretarse como un viaje espiritual hacia la comprensión de sí mismo y la búsqueda de su paz interior. Más profundamente, soñar con lagos y ríos puede representar transformación, renovación y fertilidad. Esto se debe a que su naturaleza fluida simboliza el subconsciente, lo desconocido y las profundidades de nuestro interior. Soñar con lagos y ríos sugiere:

- Que busca una comprensión más profunda de sí mismo.
- Que busca aprovechar su sabiduría interior.
- Un signo de creatividad e inspiración.
- Una asociación con la sanación emocional y la necesidad de dejar atrás el pasado.

Dado que el agua del río y del lago representa las lágrimas que puede necesitar derramar para superar una situación difícil, soñar con ellos significa que necesita una liberación emocional. Son un lugar de seguridad emocional para que usted descanse y sane.

Lluvia

La lluvia en sueños simboliza limpieza y renovación, sugiriendo una época de cambios y nuevos comienzos. Si siente que su vida ha estado estancada o aburrida, la lluvia en su sueño muestra que necesita sacudir las cosas y hacer un cambio. O al menos tomarse un descanso y empezar de cero. En algunos casos, soñar con lluvia indica:

- Tristeza y pena.
- Una expresión de sus emociones y una señal de que necesita tomarse un tiempo para procesarlas y sanar.
- Necesita dar un paso atrás y encontrar una nueva perspectiva.

- Debe prestar más atención a su intuición y buscar las señales del universo.
- Tiene que prestar más atención a sus sentimientos y confiar en su voz interior.

Si ha estado luchando con un proyecto o un problema, la lluvia en su sueño indica éxito. Significa que su situación financiera está a punto de mejorar o que su duro trabajo pronto dará sus frutos.

Ahogamiento

Los sueños de ahogamiento pueden ser bastante inquietantes. Sin embargo, es un poderoso recordatorio para que preste atención a sus sentimientos y tome el control de la situación. Estos sentimientos están relacionados con el estado actual de su vida o con un problema o asunto concreto. Cuando sueña que se ahoga, significa que siente que no puede mantener la cabeza fuera del agua. Puede sentir que está atascado y que no sabe cómo salir. Este simbolismo está estrechamente relacionado con sentimientos de sentirse abrumado por un problema concreto o por el caos general de la vida.

En algunos casos, es una señal de que está intentando evitar enfrentarse a una situación difícil o a un problema que ha estado evitando. El sueño le está diciendo que necesita tomar el control y afrontar el asunto para seguir adelante.

Aire

El aire simboliza la libertad en sueños. Como símbolo de liberación, creatividad y alegría, si sueña que vuela o se eleva por los aires, es señal de que siente libertad emocional o espiritual. Alternativamente, los sueños con aire representan:

- Estar abrumado.
- La necesidad de tomarse un descanso mental o espiritual.
- Comunicación, ideas y pensamientos.
- Una conexión con un poder superior o con su intuición.
- Una señal de que necesita abrir su mente a nuevas ideas y posibilidades.
- Comprensión espiritual.

Asfixiante

Los sueños pueden ser muy misteriosos, e interpretarlos puede resultar aún más desconcertante. Sin embargo, soñar que se asfixia tiene un mensaje muy claro: Su subconsciente está intentando decirle que se siente abrumado por algo en su vida de vigilia. Asfixiarse en un sueño simboliza sentirse sofocado por una situación o persona o que no puede progresar y expresarse en algún ámbito de su vida. Puede sentirse atrapado, ya sea en su trabajo, en una relación o en una situación que es incapaz de controlar. Los sueños de esta naturaleza también significan:

- Siente que su opinión o sus sentimientos no se tienen en cuenta o no se respetan.

Estos sentimientos de sentirse abrumado pueden ser bastante desalentadores y podrían ser la causa de que su subconsciente intente expresar estos sentimientos en su sueño.

Sentir la brisa

Soñar que siente una agradable brisa es señal de satisfacción y símbolo de que se avecina un cambio agradable. También significa un sentimiento de libertad, alegría y esperanza, ya que el viento se asocia con la liberación. Una brisa agradable puede representar:

- Un nuevo comienzo, un nuevo viaje o un nuevo comienzo.
- La presencia de un guía espiritual o de un ángel que vela por usted y le ayuda en su viaje.
- Que está a punto de experimentar un periodo de paz en su vida.

A un nivel más profundo, soñar que siente una brisa agradable significa que algo positivo se acerca a usted. Como símbolo de progreso, éxito y felicidad, sueños como éste significan que se está moviendo en la dirección correcta y que está manifestando sus sueños en la realidad.

Algo volando en su cara

Soñar que algo vuela hacia su cara puede ser una experiencia aterradora, sobre todo si es uno de esos saltos que le asustan al despertar. Pero cuando ocurren, son un símbolo de su miedo al fracaso o del temor a una situación determinada en su vida. Otros significados son:

- Se acerca algo para lo que no está preparado.
- Una situación que intenta evitar.
- Necesita ser más abierto y vulnerable en su vida.
- Tiene que arriesgarse y estar dispuesto a enfrentarse a lo que venga.

Enfrentarse a una tormenta, suciedad voladora o viento fuerte

Soñar que se topa con una tormenta, suciedad o viento fuerte simboliza una situación caótica en su vida de vigilia. Representando una situación en la que se siente abrumado y fuera de control, los sueños de este tipo reflejan estrés y agitación.

- Una tormenta o viento está relacionada con la idea de cambio, un periodo de agitación y rápida transformación.
- La suciedad que vuela en su cara está relacionada con los nuevos comienzos. Una señal de que está listo para empezar de cero y hacer un nuevo comienzo.

Aprender sobre el simbolismo onírico de los cuatro elementos es un ejercicio increíblemente perspicaz y significativo. Cada elemento - fuego, tierra, agua y aire - encierra un conjunto único de símbolos y significados. Al comprender el simbolismo de estos cuatro elementos, obtendrá una comprensión más profunda de los mensajes y significados ocultos en sus sueños. Al descubrir sus deseos y miedos subconscientes y los aspectos más profundos de su vida, se encaminará hacia un viaje de autodescubrimiento.

Capítulo 6: Observar los colores y los números

Los sueños pueden estar llenos de símbolos e imágenes extrañas que inicialmente parecen carecer de sentido. Los colores y los números aparecen a menudo y tienen significados especiales. Los colores asociados a emociones ocultas proporcionan una visión de su mente subconsciente. Los números, por su parte, representan la guía espiritual y la iluminación. Este capítulo explorará el simbolismo de los colores y los números en la interpretación de los sueños y cómo utilizar este análisis para desentrañar significados más profundos y obtener información sobre usted mismo.

Colores

Cuando se sueña con los colores, no existe un único significado o interpretación. Cada persona tiene una experiencia y una relación muy personales con los colores, por lo que la explicación varía de una persona a otra. Sin embargo, en general, los colores expresan emociones. Proporcionan un marco para la percepción emocional e indican una perspectiva o un sentimiento positivo o negativo:

- El verde simboliza el equilibrio, la armonía, el crecimiento y la fertilidad
- El azul significa paz y tranquilidad
- El amarillo simboliza el optimismo y la alegría

- El rojo significa ira, pasión o peligro
- El negro significa tristeza, pena, miedo y negatividad
- El blanco indica una sensación de pureza, inocencia, esterilidad o vacío
- El cielo naranja hace referencia al optimismo y al entusiasmo

Colores que representan recuerdos y acontecimientos concretos de su pasado:

- El amarillo vivo simboliza la nostalgia por una época de su vida

El color en los sueños puede ayudarle a comprender su subconsciente:

- El rosa brillante simboliza la necesidad de más amor y cariño en su vida
- El verde intenso sugiere la necesidad de más equilibrio y armonía interior

En última instancia, el significado de los colores en los sueños es muy subjetivo y depende de cada persona. Al profundizar en los detalles de los siguientes escenarios oníricos, considere el contexto del sueño, así como cómo se siente durante y después. A continuación, reflexione sobre los acontecimientos recientes que han tenido lugar en su vida, ya que pueden haber influido de algún modo en su sueño.

Negro

El negro es misterioso y poderoso. Representa lo desconocido, las sombras y su subconsciente. A menudo asociado con la fuerza y la fortaleza, el negro simboliza la protección, la transformación y la fuerza.

- Un sueño en el que todo aparece en tonos negros representa la oscuridad y lo desconocido, sugiriendo una sensación de miedo.
- Todo negro se refiere a un periodo de oscuridad antes del crecimiento y la luz.
- Si se encuentra en una habitación oscura, representa la desorientación y la confusión.
- Si el sueño incluye un gato negro, simboliza mala suerte o engaño.
- Soñar con un caballo negro significa poder y libertad.

- Un cielo negro significa muerte, ya sea literal o metafórica, como la muerte de un viejo hábito o comportamiento.

Azul

El azul es el color de la paz, la tranquilidad y la comprensión profunda. Los sueños con este color simbolizan la verdad, la fe y la comunicación e indican que usted se siente emocionalmente tranquilo y seguro. Por ello, el azul en sueños suele representar un sentimiento positivo o el deseo de encontrar la paz interior.

- Un cielo azul brillante simboliza una sensación de libertad y apertura.
- Un relajante océano azul representa las emociones tranquilizadoras y el deseo de mantener los pies en la tierra.
- La ropa azul, ya sea la suya o la de otra persona, simboliza la seguridad y la protección.

Marrón

El marrón es un color de estabilidad y practicidad. Significa organización, estructura y una conexión con el mundo natural. Soñar con marrón puede indicar el deseo de algo fiable. Esencialmente, usted busca estabilidad.

- El tronco de un árbol simboliza la necesidad de enraizamiento y estabilidad.
- Si sueña con un paisaje estéril, es que carece de inspiración y motivación.
- La suciedad marrón en sus manos se refiere a sentirse perdido. Significa que se siente desorientado y necesita ayuda para encontrar su camino.
- Una maleta marrón simboliza un viaje.
- Un coche marrón significa éxito.
- Un río marrón representa el flujo de la vida.
- Un pájaro marrón representa la buena suerte o la fortuna.

Borgoña

El borgoña es un color profundo y rico y simboliza la pasión, la ambición y la intensidad. Representa el valor, la fuerza y la determinación. Los sueños en los que aparece el color borgoña suelen ser señal de que se siente con fuerzas y motivado para afrontar un nuevo reto. En sueños, esto aparece como autoafirmación y fuerza:

- Un vestido borgoña simboliza que está tomando las riendas de su vida o que está a punto de emprender un nuevo viaje.
- Si un coche es de color borgoña, significa que usted conduce su destino y controla adónde va.
- Los muros de color borgoña representan una barrera o una protección contra las fuerzas exteriores.
- Una persona de color borgoña simboliza que se encuentra con una figura poderosa e inspiradora en su vida.

Crema

Asociada con la inocencia y la pureza, el color crema simboliza un nuevo comienzo o un empezar de cero. Cuando se ve el crema en un sueño, indica el deseo de liberarse de algo o de empezar de nuevo. Desde una perspectiva psicológica, el crema también se asocia con la comodidad y la seguridad, o con la necesidad de sanación:

- Una manta de color crema es señal de que necesita tomarse tiempo para usted y relajarse.
- Si sueña con una pared de color crema, es señal de que se siente atrapado y necesita encontrar la forma de liberarse.
- Un cielo de color crema simboliza la paz y la tranquilidad.

Oro

El oro se asocia con la riqueza, el poder y el éxito. Al indicar un deseo de posesiones materiales o una necesidad de reconocimiento o respeto, el oro significa que usted tiene ambición, un impulso hacia el éxito o un deseo de ser considerado importante o valioso.

- Una olla dorada de monedas significa que pronto se hará rico.
- Un anillo de oro simboliza el compromiso y el éxito a largo plazo.
- Otras cosas de oro en un sueño pueden ser estatuas doradas, joyas e incluso ropa.

Independientemente de su forma, el oro suele significar algo positivo en su vida.

Verde

El verde, símbolo del crecimiento, la fertilidad y la naturaleza, indica esperanza en el futuro o deseo de abundancia. Cuando el verde aparece en un sueño, es señal de que está en el buen camino y de que debe confiar en sus instintos y seguir sus sueños. El verde tiene un efecto calmante, por lo que no es de extrañar que aparezca en sus sueños. Desde exuberantes praderas verdes hasta lagos de color esmeralda, el verde es una visión común en el mundo de los sueños:

- Un árbol verde simboliza el crecimiento de una relación.
- Un campo verde augura abundancia de riqueza y éxito.
- Un rayo de luz verde significa esperanza.
- La ropa verde es un signo de fertilidad o abundancia.
- Los ojos verdes simbolizan la intuición y el conocimiento.

Marfil

El marfil, el color de la pureza y la inocencia, simboliza la paz, la tranquilidad y el equilibrio. Cuando el marfil aparece en un sueño, es señal de que se encuentra en un lugar seguro y confortable.

- Si ve a alguien vestido de marfil, simboliza la necesidad de pureza espiritual.
- Una estatua de marfil es señal de que está preparado para dejar algo en el pasado y pasar a algo nuevo.
- Una pared de marfil indica que está listo para construir una nueva base en su vida y crear algo fresco y emocionante.

Lila

El color lila puede indicar la ingenuidad de un soñador[10]

El lila se asocia con la alegría y la juventud. En un sueño, este color representa la inocencia e ingenuidad del soñador respecto a una situación o persona. También significa la necesidad de romper con una situación y explorar nuevas oportunidades. Los sueños en los que aparecen cosas de color lila pueden ser muy reveladores, ya que este color suele tener fuertes connotaciones:

- Un cielo de color lila indica que se siente tranquilo y contento con el estado actual de su vida.
- Las flores de color lila son un signo de que necesita más alegría y belleza y de que está buscando formas de atraer más de éstas a su vida.
- Una casa de color lila significa que busca una vida hogareña más armoniosa y equilibrada.

Granate

El granate suele considerarse un signo de poder y autoridad. En un sueño, este color representa la necesidad de tomar el control. Puede significar el deseo de ser respetado y admirado. Los sueños en los que aparecen cosas de color granate pueden interpretarse como un signo de transformación profunda, fuerza y sabiduría:

- Un cielo granate indica un periodo oscuro de su vida.
- Un muro granate simboliza una barrera que le impide alcanzar sus objetivos.
- La ropa granate significa un profundo deseo de ser aceptado o respetado. También podría ser un signo de sentirse vulnerable.
- Los muebles granates son un signo de estancamiento y falta de crecimiento.

El granate también se ve en sueños en forma de animales:

- Una serpiente granate indica que se enfrenta a un reto que debe superar.
- Un pájaro granate representa la transformación y la libertad.

Malva

El malva se asocia a menudo con el romanticismo y la tranquilidad. Este color representa la necesidad de encontrar la paz interior y la relajación en un sueño. También significa un deseo de conexiones significativas. Este color con una vibración soñadora y misteriosa aparece en los sueños de muchas formas diferentes. Desde una delicada puesta de sol malva hasta un profundo océano malva, significa una gama de emociones y sentimientos:

- Un cielo malva representa la paz y la tranquilidad.
- Por otro lado, un océano de color malva profundo representa la inquietud e incluso el miedo.

Naranja

El naranja es un signo de creatividad y entusiasmo. En un sueño, este color representa un deseo de autoexpresión y de cultivo de las ideas. También significa un deseo de ser más abierto y aventurero. En general, soñar con cosas de color naranja puede interpretarse como una nueva oportunidad o un cambio emocionante en el horizonte:

- Una puesta de sol de color naranja vivo es señal de que está a punto de embarcarse en una nueva aventura.
- Las llamas naranjas representan una advertencia para que tome precauciones en algunos aspectos de su vida.

Melocotón

El melocotón se asocia con la satisfacción y la felicidad. En un sueño, este color representa la necesidad de equilibrio y armonía. También simboliza el deseo de estabilidad y seguridad. Este tono cálido y acogedor puede interpretarse de muchas maneras, dependiendo del contexto del sueño y de la persona:

- Para algunos, un cielo color melocotón implica una sensación de paz, calma y satisfacción.
- Para otros, si algo habitualmente blanco o gris se tiñe de melocotón en un sueño, sugiere algo negativo, como una advertencia contra el peligro o un signo de enfermedad.

El melocotón también simboliza la fertilidad y la abundancia. Por ejemplo, una persona puede soñar que come un melocotón y se siente llena y satisfecha.

Rosa

El rosa se considera un signo de amor y compasión. En un sueño, este color representa la necesidad de abrirse y mostrar los verdaderos sentimientos. También se refiere al deseo de cercanía emocional e intimidad.

- Un osito de peluche rosa podría interpretarse como un signo de comodidad y seguridad.
- Del mismo modo, soñar con una flor rosa representa el crecimiento y el renacimiento.

Por otro lado, el rosa es un indicador de algo negativo:

- Un cielo rosa simboliza una advertencia al soñador para que sea más precavido en un futuro próximo.
- Un elefante rosa representa la ansiedad o el miedo.

Rojo

El rojo es el color de la pasión, el poder, el amor y la ira. En sueños, es señal de emociones intensas como el miedo o la ira o de la presencia de una fuerza poderosa. Un sueño con mucho rojo puede ser una advertencia para que preste atención a lo que ocurre en su vida.

- Un cielo rojo es una señal de peligro y una advertencia para tener cuidado.
- Los frutos rojos simbolizan el crecimiento de una nueva vida.
- La sangre representa la muerte o el desprendimiento de viejas ideas.
- Una rosa roja simboliza el amor y la pasión.
- Una señal de stop roja simboliza el peligro que se avecina.

Plata

Como color del lujo, la plata se asocia con la protección espiritual y la presencia de la guía divina. Puede ser un signo de que se le sostiene y apoya incluso en tiempos difíciles.

- Una luna plateada hace referencia a la intuición y a la conexión espiritual.
- Un coche plateado es señal de éxito.
- Un anillo de plata simboliza el compromiso.

Blanco

El blanco es el color de la pureza y la inocencia. En sueños, representa nuevos comienzos y un nuevo comienzo. Puede ser un signo de esperanza y optimismo y de que usted tiene el poder de realizar cambios positivos en su vida.

- Las palomas blancas son un signo de paz y protección.
- Las nubes blancas indican un plano espiritual superior.
- Los animales blancos, como los caballos o los leones, representan la fuerza y el valor.
- Los objetos blancos como casas, castillos o muebles reflejan la vida doméstica del soñador, positiva o negativamente.

Amarillo

El color amarillo significa alegría, optimismo, felicidad y buena fortuna. Signo de nuevos comienzos y de un futuro brillante, significa que usted está preparado para asumir nuevas oportunidades y retos.

- Un cielo amarillo es un signo de esperanza.
- Un río amarillo simboliza emociones intensas.
- Un vestido amarillo indica un deseo de cambio.
- Los zapatos amarillos son un signo de aventura.
- Un coche amarillo es señal de lujo y buena fortuna por venir.

Números

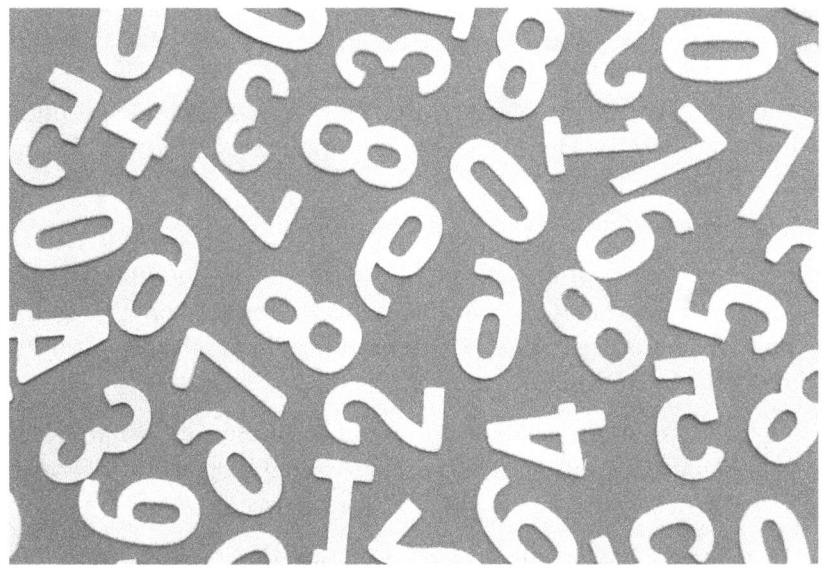

Los números en un sueño pueden representar muchas cosas[11]

Los sueños son un fenómeno fascinante y, la mayoría de las veces, nos dejan preguntándonos qué significan. ¿Ha tenido alguna vez un sueño en el que aparecían números? Si es así, no está solo. Muchas personas dicen haber soñado con números. Pero, ¿qué significan estos números? Los números pueden representar:

- El paso del tiempo, una cuenta atrás, una fecha límite o una especie de advertencia
- Su subconsciente
- Orientación
- Un área de su vida que necesita mejorar

Los dígitos específicos también significan algo:

- El número tres simboliza la creatividad, el crecimiento y la expansión
- El número cuatro representa la estabilidad y la estructura
- El número siete refleja la comprensión espiritual

A veces, los números en sueños son literales. Podrían representar algo significativo en su vida o actuar como recordatorio de cosas que debe hacer:

- Un número de teléfono
- Una dirección
- Una cuenta bancaria

Preste atención al contexto y las emociones de su sueño y al número concreto que aparece. De este modo, comprenderá mejor lo que su yo interior intenta decirle.

Número uno

El número uno simboliza la singularidad, la independencia, el liderazgo, la confianza en sí mismo y la fuerza de carácter. Por ejemplo, si sueña con el número uno, podría significar que necesita asumir un papel de liderazgo o tomar medidas decisivas.

- Soñar con un reloj con el número uno es señal de gran potencial y éxito, a menudo insinúa que ha llegado el momento de arriesgarse y lograr algo extraordinario.
- Una secuencia de 111 representa una trifecta de energía positiva, un triplete de nuevos comienzos o la idea de una poderosa trinidad.

Número dos

Símbolo de asociación y equilibrio, los sueños con el número dos sugieren la necesidad de colaboración y armonía. Significa que necesita buscar un socio o colaborador que le ayude a alcanzar sus objetivos.

- El número dos, en cualquiera de sus formas, se asocia a una situación financiera, como tener dos fuentes de ingresos o un saldo bancario con dos dígitos.

Número Tres

Signo de creatividad, imaginación, crecimiento y desarrollo espiritual, soñar con el número tres es señal de que necesita abrazar su creatividad y explotar su lado espiritual.

- Un número de teléfono que contiene el número tres significa que está a punto de lograr un objetivo.
- Una formación de nubes con el número tres significa creatividad y abundancia.
- Un objeto al azar con el número tres significa que está a punto de emprender un nuevo viaje.

Número Cuatro

El número cuatro simboliza típicamente la estabilidad y la estructura. Al representar los cuatro pilares de la vida - físico, mental, emocional y espiritual - un sueño con el número cuatro le está diciendo que se centre en la estabilidad y trabaje en los cimientos de su vida. Cuando el número cuatro aparece en su sueño, está relacionado con algo práctico y significativo:

- Ver un número de teléfono con el número cuatro indica que alguien necesita ponerse en contacto con usted urgentemente o que tiene un secreto que quiere contarle.
- Soñar con un calendario con el número cuatro indica un plazo inminente o un acontecimiento que no debe perderse.

Número Cinco

El número cinco representa el cambio. Como símbolo de transición o transformación, un sueño con el número cinco en él le dice que abrace el cambio y esté abierto a nuevas experiencias.

- Cinco relojes significan estrés inminente o un recordatorio para que controle su tiempo.
- Un billete de cinco dólares es señal de que busca la estabilidad financiera o de que se siente financieramente seguro.
- Un pentagrama (una estrella de cinco puntas) indica la necesidad de reconciliar los sentimientos y emociones más íntimos.
- Cinco puertas sugieren la necesidad de explorar diferentes caminos en la vida.
- Cinco velas representan la necesidad de ser más conscientes del reino espiritual.
- Cinco cartuchos de dinamita indican la necesidad de un cambio o transformación drástica en la vida.

Número Seis

A menudo asociado con la armonía y el equilibrio, el número seis representa la estabilidad, la paz y el equilibrio. Un sueño con el número seis en él le está diciendo que se centre en lograr la armonía y el equilibrio en su vida.

- Seis objetos, como seis sillas o libros, significan una necesidad de equilibrio o estabilidad.
- Seis hijos sugieren el deseo de estar rodeado de amor y apoyo.
- Un trébol de seis hojas sugiere que tiene la suerte de los irlandeses de su lado.
- Un dado de seis caras simboliza el deseo de apostar y arriesgar algo por una recompensa potencial.

Número Siete

Número de la suerte siete. Los sueños con este número pueden interpretarse como un signo de buena suerte y fortuna en camino.

- Siete pájaros son un signo de buena suerte y éxito en su camino.
- Siete estrellas en el cielo representan la iluminación espiritual.
- Siete monedas significan la necesidad de ser más consciente de sus finanzas.

Número Ocho

El número ocho también se considera un número poderoso y auspicioso en muchas culturas, y puede simbolizar abundancia y prosperidad. Los sueños con el número ocho significan que dispondrá de muchos recursos y que está en el buen camino.

- Ocho personas podrían significar que está rodeado de personas comprensivas y solidarias en su vida.
- Ocho objetos significan que está intentando conseguir algo o un recordatorio para mantenerse centrado en su objetivo.

Número Nueve

Muy revelador, el número nueve es una señal de que está a punto de conseguir algo importante. Podría significar que está en la cúspide de un gran avance y que debe seguir empujando hacia delante.

- El número nueve como fecha significa que se acerca el final de algo que ha ocupado su vida durante algún tiempo.
- El número nueve en su reloj es un poderoso recordatorio de que es hora de mirar hacia delante y empezar de nuevo.

Aprender sobre los colores y los números es una experiencia interesante y emocionante. Hay mucho que explorar, desde los significados simbólicos de los colores hasta cómo pueden interpretarse los números. Por ejemplo, el significado simbólico de los colores le ofrece una enorme visión de su subconsciente. Por otro lado, los números pueden utilizarse para explorar una gran variedad de energías, desde el mundo físico hasta los reinos espirituales y metafísicos. Por lo tanto, aprender sobre los colores y los números puede ser una forma estupenda de comprender mejor su funcionamiento interno.

Capítulo 7: Sueños con animales y plantas

¿Ha tenido alguna vez un sueño en el que aparecían animales o plantas? Los animales, en primer lugar, y las plantas, en segundo, son símbolos comunes que aparecen en los sueños, y pueden tener una gran variedad de significados. Este capítulo abarcará el amplio significado simbólico de soñar con animales y plantas. Explorará por qué estos símbolos pueden aparecer en sus paisajes oníricos, qué tipo de mensajes o percepciones podrían ofrecerle y cómo interpretarlos.

Los animales en los sueños

Los animales aparecen a menudo en los sueños como símbolos que nos dan una mayor visión de los reinos inconsciente y espiritual. Diferentes animales representan aspectos distintos de usted mismo, como el poder, la intuición, la agresividad, la inocencia, la ligereza o la sabiduría. También representan un rasgo o sentimiento específico que usted se esfuerza por aprender o encarnar. Prestar atención a los animales en sus sueños puede ser valioso para el crecimiento personal y el autodescubrimiento.

El animal de su sueño puede ser una pista sobre su significado. Las distintas especies tienen connotaciones simbólicas diferentes; comprenderlas es clave para interpretar su sueño.

León

El león es un símbolo poderoso y majestuoso de fuerza, valor y liderazgo. En sueños, representa el poder y la confianza en sí mismo necesarios en su vida cotidiana. Alternativamente, simboliza sentirse o estar atrapado en una situación incómoda. Representa la necesidad de actuar o tomar decisiones para progresar.

El león también simboliza el miedo y el instinto primarios. A menudo representa un miedo interior profundo o una ansiedad que usted puede luchar por superar. En algunos casos, puede tratarse de miedo a lo desconocido o miedo al cambio.

El león se asocia además con la realeza y la nobleza, símbolo de poder, fuerza y autoridad en muchas culturas. En la interpretación de los sueños, puede indicar la necesidad de ser más asertivo o de asumir un papel de liderazgo en su vida. También representa el deseo de reconocimiento o admiración por parte de los demás.

Gato

Los gatos son símbolos de misterio, magia, alegría e independencia. Representan su salvajismo interior y su capacidad de autonomía, ingenio y supervivencia. Además, simbolizan su capacidad para esconderse y protegerse del mundo exterior.

En un sueño, los gatos pueden verse como un signo de protección y simbolizan su conexión espiritual con el mundo. Representan un espíritu independiente o la capacidad de cuidar de sí mismo. También podrían representar el misterio, la intuición y lo desconocido.

Los sueños con gatos suelen ser ecos de sus emociones, sentimientos y deseos internos. Es un mensaje para que conecte con su intuición y su sabiduría interior. Además, los sueños con gatos pueden interpretarse como signos de su potencial oculto y de su intuición.

Perro

Los sueños con perros suelen simbolizar lealtad, compañía y protección. Según el tipo de perro que sueñe, puede ser un signo de fidelidad o incluso de posesividad. Puede representar inocencia y jugueteo si sueña con un perro pequeño, como un caniche o un terrier. Si sueña con perros más grandes, como un pastor alemán, puede simbolizar fuerza y valor. Si el perro ladra en su sueño, podría indicar su necesidad de defenderse de alguien o algo. También podría representar una advertencia sobre un peligro potencial que se acerca.

Caballo

Los sueños con caballos simbolizan poder y energía. Los caballos se asocian desde hace mucho tiempo a emociones fuertes como la pasión y la libertad. Si el caballo es salvaje, puede representar una energía salvaje que necesita ser domada. Si el caballo está tranquilo y contento en su sueño, esto refleja su estado emocional y cómo se enfrenta a las emociones fuertes.

Los sueños con caballos también pueden interpretarse como un deseo de libertad o movimiento. El caballo puede representar una necesidad de cambio y crecimiento en su vida. Alternativamente, el sueño podría decirle que ha llegado el momento de salir de su zona de confort y asumir riesgos para alcanzar el éxito. Los caballos también pueden representar su ambición, deseo de poder o necesidad de controlar su destino. Si el caballo aparece galopando en su sueño, usted se siente poderoso y capaz de alcanzar el éxito.

Algunos creen que los sueños con caballos también pueden interpretarse como un signo de buena suerte y fortuna. Si el caballo aparece fuerte y sano, esto puede indicar un futuro próspero. Por el contrario, si el caballo aparece débil o moribundo en su sueño, podría significar que se avecinan tiempos difíciles.

Soñar con un caballo blanco podría interpretarse como un signo espiritual, que representa su espíritu interior o su yo superior. Tales sueños sugieren su necesidad de emprender un viaje espiritual para alcanzar la iluminación. Si el caballo es negro, podría indicar ambición y poder. En general, el significado de un sueño con caballos depende de muchas variables, como el color, el comportamiento y el contexto general de su sueño.

Elefante

Los elefantes se consideran un signo de protección[19]

En la interpretación de los sueños, los elefantes representan la fuerza, el poder, la sabiduría y la suerte. Pueden verse como un signo de protección. Soñar con un elefante indica que pronto le llegará la buena suerte y la fortuna. También sugiere que debe estar preparado para el trabajo duro y las dificultades que se avecinan en su vida. Los elefantes representan la fuerza y el valor, lo que podría significar que usted está preparado para afrontar cualquier reto.

En algunas culturas, los elefantes representan la fertilidad y la abundancia. Soñar con un elefante podría significar que está listo para iniciar un nuevo capítulo y abrirse a todas las posibilidades que le traerá. Si el elefante es grande, podría simbolizar que usted tiene mucho que ofrecer y una gran capacidad de crecimiento.

Oso

Los osos representan la fuerza y el potencial del valor. A menudo simbolizan la protección, por lo que soñar con un oso podría interpretarse como una señal de protección frente a algo en su vida. Los osos también pueden significar su necesidad de asumir más responsabilidades o de reafirmarse en sus relaciones o en su familia.

Mapache

En la interpretación de los sueños, los mapaches simbolizan la astucia y la inteligencia. Indican que necesita utilizar sus habilidades de resolución de problemas y pensamiento crítico para encontrar una solución creativa a un problema que se le plantee. Si aparece un mapache en su sueño, puede representar su falta de seguridad e incertidumbre. También podría significar que oculta algo a los demás o que se protege de un peligro potencial. En una nota más positiva, un mapache en su sueño significa la importancia de adaptarse a su entorno y ser flexible.

En términos más generales, los mapaches simbolizan la necesidad de contemplar una situación desde múltiples perspectivas y utilizar la intuición para llegar a la solución adecuada.

Cada animal tiene su simbolismo y significado singulares, por lo que prestar atención a los detalles de su sueño es esencial. Preste mucha atención a cualquier animal que aparezca en su sueño, ya que podría tener un mensaje especial sólo para usted. Para resumir las cualidades de los animales:

- **León:** Poder, valor y liderazgo
- **Tigre:** Fuerza y agresividad
- **Perro:** Lealtad y protección
- **Elefante:** Sabiduría, paciencia y bondad
- **Ratones:** Timidez y mansedumbre
- **La mariposa:** Transformación y renacimiento
- **Las ranas** La intrepidez ante lo nuevo
- **Aves:** Alcanzando mayores alturas
- **Halcón:** Cualidades visionarias y capacidad de superación
- **Búho:** Intuición, perspicacia y clarividencia
- **Caballo:** Fuerza, libertad y el poder de tomar el control
- **Lobo:** Ingenio y poder instintivo
- **Unicornio:** Magia, esperanza y capacidad de trascender
- **Pez:** Intuición, creatividad y emociones
- **Reptiles (serpientes o dragones):** Miedos desconocidos y verdades ocultas

Sueños con bichos

Los bichos en sueños suelen representar la sensación de estar fuera de control, abrumado o vulnerable. Simbolizan el miedo a lo desconocido o el sentirse insignificante en el gran esquema. Los insectos suelen aparecer en sueños cuando usted siente que su vida se descontrola y lucha por seguir el ritmo de todos los cambios que le rodean.

Los sueños con insectos significan la presencia de un problema o asunto que le está causando estrés. También puede significar que algo en su vida necesita ser abordado o tratado.

Hormigas

Los sueños con hormigas significan trabajo duro, determinación y perseverancia en la consecución de sus objetivos. A menudo se ven hormigas correteando de forma organizada, lo que puede simbolizar la necesidad de organizarse para alcanzar sus objetivos. Las hormigas también pueden representar laboriosidad, ambición y productividad.

Arañas

Los sueños con arañas suelen significar la necesidad de examinar más de cerca algo en su vida y asegurarse de que lo ve desde todos los ángulos. Las arañas también pueden representar su intuición y su capacidad para percibir el peligro, o pueden ser un aviso de que algo se le oculta.

Si sueña con una araña que se arrastra por su cuerpo, puede indicar que alguien intenta aprovecharse de usted. Alternativamente, podría significar una parte de su vida que descuida, como una relación malsana o un hábito tóxico. Este sueño puede animarle a examinar esta área y hacer cambios.

Soñar que está atrapado en una tela de araña significa que se siente atrapado en una situación o relación concreta. Puede pensar que no puede salir de la tela y que, por mucho que se esfuerce, no podrá escapar. Este sueño le pide que mire en su interior y comprenda por qué se siente atrapado antes de intentar cambiar su vida.

Abejas

Los sueños con abejas indican trabajo duro, ambición y productividad. Pueden significar su entusiasmo por los proyectos o actividades en los que está trabajando. Las abejas representan el poder polinizador del trabajo duro y la importancia de trabajar juntos para realizar tareas y proyectos. Cuando ve una abeja o un enjambre de abejas en su sueño, es señal de que está trabajando duro para conseguir algo. Le recuerda que debe centrarse en la tarea que tiene ante sí y esforzarse por alcanzar sus objetivos.

Los sueños con abejas también simbolizan que alguien dirige hacia usted su energía negativa y sus intentos de perturbar su éxito. Si sueña que un enjambre de abejas se le echa encima, puede indicar que alguien intenta interferir en su vida o impedir que alcance sus objetivos.

Pulgas

Los sueños con pulgas a menudo significan sentirse abrumado e impotente en una situación determinada. Las pulgas también pueden representar estar irritado por alguien o algo, pero no tener el poder de hacer nada al respecto.

Cucarachas

Los sueños con cucarachas a menudo significan sentirse impotente e indefenso ante un problema. También pueden simbolizar que se siente sucio y asqueroso o que tiene un problema físico o emocional que debe resolver.

Moscas

Los sueños con moscas a menudo representan sentimientos de estar inundado y abrumado. Representan sentirse impotente o incapaz de impedir que algo suceda. Las moscas pueden ser una molestia en el sueño, indicando a menudo un sentimiento de ser molestado o acosado por alguien. En algunos casos, las moscas podrían representar un sentimiento de ser víctima de alguien o de algo. Alternativamente, si las moscas están ordenadas y no le molestan, podría ser un signo de buena suerte.

Avispas

Los sueños con avispas suelen representar situaciones difíciles y poco acogedoras. Puede ser señal de que se siente abrumado por un problema en su vida o de que se enfrenta a la resistencia de alguien. Las avispas pueden ser a veces una advertencia de peligro o de que algo terrible está a punto de suceder. Significan agresión, traición o tensión en sus relaciones.

Las avispas también pueden verse como un signo de orgullo o ego. Puede que se sienta demasiado seguro de sus capacidades o especialmente ambicioso. Es un mensaje de que debe dar un paso atrás y evaluar la situación antes de tomar decisiones importantes.

El contexto del sueño también tiene consecuencias; por ejemplo, un león puede tener significados diferentes según se encuentre en un zoo o atacándole. En el primer caso, podría significar que su fuerza está siendo enjaulada o restringida de algún modo. En el segundo, podría significar la necesidad de enfrentarse a sus demonios interiores. Del mismo modo, la ubicación del sueño también es importante. Si sueña con un animal grande y poderoso en un campo abierto, podría simbolizar la libertad y el poder de tomar las riendas de su vida. En cambio, si se encuentra en una cueva oscura y estrecha, podría representar que se siente atrapado y reprimido.

El número de animales también puede ser revelador. Un animal en un sueño podría representar el yo, mientras que dos o más podrían simbolizar los diversos aspectos de su personalidad y cómo interactúan.

Otro factor a tener en cuenta es el comportamiento del animal. ¿Es amistoso u hostil? ¿Pasivo o agresivo? ¿Dócil o salvaje? El comportamiento de un animal en sueños ofrece una visión de su mentalidad y actitud actuales. Por ejemplo, si sueña con un tigre tumbado tranquilamente al sol, podría indicar que se siente relajado y contento en su situación actual. Por otro lado, si sueña que un tigre le gruñe y le ataca, puede significar que algo o alguien le amenaza.

Soñar con una lucha entre dos animales puede significar una lucha interna o un conflicto dentro de nosotros mismos. También podría representar dos partes de su vida que se oponen y deben reconciliarse. Los animales en armonía podrían indicar una sensación de paz y equilibrio en su interior.

Además de la especie y el comportamiento del animal, es esencial tener en cuenta la historia personal del soñador y su relación con ese tipo concreto de animal. Por ejemplo, si un soñador tuvo una experiencia traumática con un animal específico, eso podría reproducirse en su sueño. Esto es increíblemente influyente si el soñador siente miedo o una emoción intensa al ver al animal en su sueño.

Los sueños con animales proporcionan una visión única del subconsciente, ya que a menudo representan aspectos de usted mismo de los que quizá no era consciente o tenía dificultades para expresar. Los animales en sueños pueden simbolizar un comportamiento instintivo, emociones primarias e indómitas o el poder de acceder a sus deseos más profundos. Prestar atención al contexto, el comportamiento y la historia personal del animal puede ayudarle a comprender mejor su interior y las fuerzas que conforman su vida.

Sueños sobre plantas

Los sueños con plantas y árboles también pueden ser muy simbólicos, ya que a menudo se asocian fuertemente con el crecimiento, la vida, la fertilidad y la conexión con la naturaleza. Pueden representar la salud de una relación, su bienestar físico o significar una transformación espiritual. En sueños, las plantas simbolizan diversas emociones y experiencias, desde el nacimiento hasta la muerte y desde el crecimiento hasta la decadencia.

El tipo de planta que aparece en su sueño es esencial, ya que cada especie tiene significados únicos. Por ejemplo, soñar con un jardín exuberante y vibrante podría representar abundancia. En cambio, si las plantas están marchitas o muertas, podría indicar que algo falta o está estancado.

Árboles

Los árboles son potentes símbolos de crecimiento, vida y naturaleza. Un sueño en el que aparece un árbol sugiere que una persona está preparada para avanzar y alcanzar el éxito. Los árboles también representan el conocimiento, el crecimiento y la estabilidad que pueden ayudar a superar tiempos difíciles.

Los sueños con árboles también pueden referirse a la vida personal y simbolizar una relación sólida o estrecha con los demás. Los árboles pueden representar a miembros de la familia, amigos o incluso un poder superior. En sueños, los árboles también pueden interpretarse como símbolos de fertilidad y abundancia.

Algunos árboles tienen profundas connotaciones espirituales y religiosas, como el Árbol de la Vida del cristianismo o el Árbol Bodhi del budismo.

Cactus

Soñar con cactus puede asociarse con la protección, la independencia y el poder. Los cactus también simbolizan la fortaleza ante la adversidad. Pueden indicar que alguien está luchando por hacer frente a una situación problemática o sobrevivir a un periodo difícil. Los sueños con cactus sugieren que el soñador se siente aislado y solo.

Palma de coco

Los cocoteros suelen asociarse con el conocimiento, la sabiduría y el progreso. En muchas culturas, el cocotero se considera un símbolo de abundancia, fertilidad y crecimiento. Simbólicamente, representan un sentido de resistencia y fortaleza, ya que pueden crecer incluso en las condiciones más adversas. En la interpretación de los sueños, soñar con un cocotero puede significar transformación y progreso. Representa el crecimiento espiritual, nuevos comienzos, cambios en su vida y un mayor conocimiento.

Abedules blancos

Los abedules blancos suelen representar la buena suerte, el éxito y la esperanza en los sueños. Simbolizan la flexibilidad, la resistencia, la fuerza y la superación de obstáculos. Estos árboles representan la necesidad de ser más flexible en la vida y de mantenerse centrado en el objetivo a pesar de las dificultades que puedan surgir.

Roble blanco

El roble blanco es un árbol hermoso y majestuoso que representa el valor, la fuerza y la longevidad. Este árbol sugiere perseverancia, estabilidad y sensación de seguridad en sueños. Es un símbolo de buena suerte y éxito a largo plazo, por lo que si ve un Roble Blanco en su sueño, podría representar una perspectiva positiva y alentadora.

El Roble Blanco también se asocia con la voluntad de superar obstáculos y asumir nuevos retos. Si sueña con un Roble Blanco, puede recordarle que debe tener fe y mantenerse fuerte en los momentos difíciles. Este árbol también representa la sabiduría, la paciencia y la fertilidad.

Sueños con flores

Las flores suelen considerarse en sueños símbolos de belleza, pureza y amor. Soñar con flores representa el comienzo de algo nuevo o un florecimiento de ideas y pensamientos. Un ramo puede simbolizar la reunión de valor, amor y fuerza que necesita en la vida. Una sola flor puede ser un signo de inocencia y vulnerabilidad o incluso un recordatorio de que debe cuidarse.

Rosa

Las rosas son quizá las flores más populares del mundo y a menudo representan el amor, la belleza, la fuerza, la inocencia y la alegría. En sueños, las rosas pueden simbolizar varias cosas; a menudo representan sus sentimientos en la vida de vigilia. Por ejemplo, si sueña con rosas rojas, pueden expresar amor apasionado, mientras que las rosas blancas en su sueño pueden significar pureza e inocencia.

Lirios

El lirio es un símbolo de inocencia, belleza y pureza. En sueños, representa una sensación de paz, serenidad y un anhelo de algo bello. Soñar con un lirio blanco simboliza la pureza y la inocencia, mientras que un lirio amarillo puede significar un deseo de alegría y felicidad.

Girasol

El girasol simboliza la alegría, la creatividad, la fuerza y el crecimiento. Estos sueños suelen representar estas cualidades y significan esperanza y positividad. Indica que va en la dirección correcta y que puede alcanzar sus objetivos. También es un signo de fe y optimismo, ya que el girasol siempre vuelve la cara hacia el sol. Los sueños con girasoles suelen significar que está entrando en una época de prosperidad y abundancia.

Gloria de la mañana

Se cree que los sueños con la gloria de la mañana están relacionados con los nuevos comienzos y los comienzos frescos. Puede simbolizar el inicio de un nuevo viaje en la vida o un nuevo proyecto. Soñar con estas flores suele representar el potencial de crecimiento, la fertilidad y una fuerte conexión con la naturaleza. También se asocian con la capacidad de sanación propia y ajena.

Tulipán

Los tulipanes son un signo de creatividad y libertad[18]

Los tulipanes son una flor popular y hermosa conocida por sus colores brillantes, sus tallos largos y sus pétalos sencillos. En la interpretación de los sueños, los tulipanes se consideran un signo de belleza, libertad y creatividad. Suelen aparecer cuando usted necesita expresarse o abrirse a nuevas ideas. Cuando sueña con un tulipán, puede significar que necesita mirar las cosas con ojos nuevos y encontrar inspiración en algo nuevo.

Las plantas y los animales son habitantes habituales de su paisaje onírico y a menudo aparecen de forma simbólica para darle mensajes importantes sobre su vida de vigilia. Además del simbolismo general, cada tipo de planta o animal puede tener un significado especial cuando aparece en su sueño. Dedicar tiempo a examinar e interpretar estos símbolos puede ser una herramienta útil para comprender su subconsciente y obtener información sobre su vida. Sin embargo, recuerde que la interpretación de los sueños es personal y que el significado de estos animales y plantas difiere de una persona a otra. Lo mejor es explorar el simbolismo de un sueño en el contexto de su propia vida y experiencias.

Capítulo 8: Sueños sobre partes del cuerpo

Los sueños son un fenómeno increíble y a la vez intrincado que encierra una infinita variedad de simbolismos y significados. Los sueños que contienen partes del cuerpo, en particular, pueden ser especialmente confusos, ya que pueden tener muchas connotaciones y capas de interpretaciones diferentes. Mientras que algunas pueden representar cosas como la salud física o el crecimiento del desarrollo, otras se refieren a sentimientos y emociones dentro de uno mismo o a interacciones con quienes le rodean. Inevitablemente, desentrañar el verdadero significado que se esconde tras estos sueños puede resultar a veces una tarea difícil. Este capítulo arroja luz sobre la confusión de los sueños sobre partes del cuerpo. A través de la exploración del simbolismo, uno puede comprender mejor por qué está presente su sueño y qué está tratando de decirle sobre su vida y su situación actual.

Cabello

El cabello es un símbolo onírico común, y su significado cambia dependiendo de su contexto. Soñar con un cabello peinado podría representar vanidad, mientras que un corte de cabello en sueños podría simbolizar un nuevo comienzo o fase en su vida. El cabello revuelto o caótico suele reflejar sensación de agobio y descontrol, mientras que el cabello limpio y ordenado indica sentimientos de satisfacción y estabilidad. Por lo general, el cabello largo se asocia con la feminidad y la juventud, mientras que el cabello corto sugiere fuerza y madurez. El cabello también puede significar energía espiritual o creativa cuando se ve entrelazado con enredaderas u otros elementos naturales; este tipo de sueño puede sugerir que necesita expresarse de forma creativa o restablecer una conexión con la naturaleza.

Cabeza

Los sueños en los que está implicada la cabeza tienden a simbolizar su capacidad intelectual y cómo procesa los acontecimientos de su vida. Por ejemplo, soñar que tiene una cabeza grande podría simbolizar que se siente "testarudo" y que piensa que sabe más que los demás. Por el contrario, si sueña que tiene una cabeza pequeña, podría significar que es demasiado humilde o que se siente inadecuado. Soñar con una cabeza herida o enferma puede simbolizar angustia mental o incapacidad para procesar su realidad actual. Estos símbolos oníricos proporcionan una visión de su mente subconsciente y ofrecen valiosas pistas sobre usted mismo.

Cerebro

Los sueños con cerebros simbolizan a menudo su poder de pensamiento e intelecto. Son una señal de que su mente está intentando procesar y contener una gran cantidad de información. El simbolismo puede tener una gama de temas dependiendo del contexto; si un sueño implica emociones, por ejemplo, podría sugerir que el soñador está trabajando subconscientemente a través de sentimientos o conflictos dentro de sí mismo. Alternativamente, si el sueño gira principalmente en torno a tareas de resolución de problemas, podría indicar que el soñador se siente presionado para encontrar soluciones a dilemas vitales. Así pues, cuando sueñe con cerebros, tenga en cuenta los demás símbolos asociados a su presencia para interpretar el verdadero significado profundo de tales sueños.

Nariz

El simbolismo onírico de la nariz refleja el "sentido" que usted tiene de una determinada situación, que puede adoptar muchas formas. Por ejemplo, si sueña que alguien tiene una nariz grande y prominente, puede significar que es consciente de lo que ocurre a su alrededor. En el lado opuesto, soñar con una nariz ausente o inexistente puede sugerir que alguien no presta atención a su entorno o intenta eludir responsabilidades. También se ha dicho que el tamaño de la nariz en su sueño podría corresponder a cuánto esfuerzo está poniendo en algo: una nariz más grande y prominente representa más esfuerzo que una más pequeña.

Dientes

Los dientes son un símbolo común con el que sueñan personas de todo el mundo, con diversas interpretaciones sobre su significado. Los sueños con dientes suelen simbolizar ansiedades y miedos, representando cómo se sienten estos miedos: afilados y dolorosos. Los dientes pueden representar poder o control; si se representa a alguien con dientes viciosos y afilados como cuchillas, podría representar miedo a la influencia de esa persona. También se podría soñar con dientes incipientes en la infancia, que representan el aumento de las responsabilidades mentales con la edad. Estos dientes podrían incluso presagiar futuros éxitos o fracasos en la vida. Junto a esto, los dientes representan la comunicación, o tener problemas con los dientes en sueños puede significar que tiene dificultades para hacerse oír o transmitir su mensaje. Si una persona tiene que someterse a un tratamiento dental en el paisaje onírico, puede significar emociones desbordantes que necesitan ser atendidas. En definitiva, soñar con dientes puede tener numerosos significados según el contexto, por lo que es importante prestar atención a los detalles al interpretar este tipo de sueños.

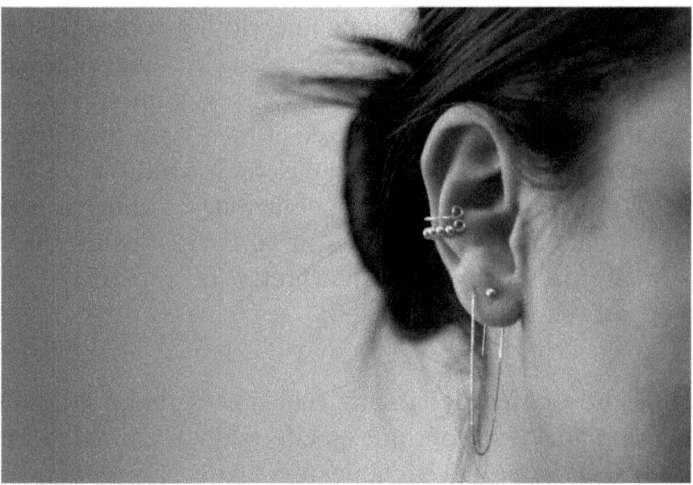

Las orejas tienen distintos significados en un sueño según el contexto[14]

Soñar con orejas puede significar varias cosas según el contexto. Desde los sentidos espirituales a los físicos, soñar con orejas indica que está escuchando algo o a alguien. Las orejas en sueños suelen representar la capacidad de una persona para confiar y ser confiada. Símbolos de percepción objetiva, las orejas pueden sugerir que un individuo está prestando atención, buscando el conocimiento y siendo abierto de mente. En algunos casos, soñar con orejas también significa obstáculos que bloquean la comunicación con los demás y el engaño de alguien cercano o incluso de uno mismo. Por ejemplo, si tiene la oreja tapada o bloqueada, puede significar agitación interior, o que está abrumado por pensamientos y opiniones que no coinciden con sus creencias. En definitiva, soñar con orejas transmite el conjunto de escuchar atentamente con intención y discernimiento.

Espalda

Los sueños con espaldas significan las distintas capas de protección y apoyo que tiene en su vida. La espalda simboliza fuerza y seguridad, por lo que soñar que tiene una espalda fuerte y sólida puede representar estabilidad emocional y una nueva creencia en su fiabilidad. Por otro lado, si sueña que tiene una espalda herida o débil, puede significar sentimientos de vulnerabilidad o inseguridad. Además, soñar con la espalda de otra persona puede sugerir que usted depende excesivamente de ella para su seguridad y comodidad, lo que puede estar afectando negativamente a su bienestar emocional. En términos más generales, los sueños con espaldas sugieren algo oculto o algo escondido dentro de usted que necesita protección, y que necesita fortalecer esas áreas antes de avanzar en su vida.

Lengua

Los sueños en los que se habla con la lengua pueden tener muchos significados; sin embargo, generalmente están relacionados con la comunicación o la falta de comunicación. Un sueño en el que se habla con una lengua incontrolable puede simbolizar la sensación de que no se escucha al interlocutor, mientras que soñar con la lengua de otra persona puede representar la sensación de que el soñador está completamente al margen de una conversación. Del mismo modo, ver una lengua anormalmente larga puede indicar que tiene dificultades para transmitir sus pensamientos a los demás. Decir algo con una lengua hecha de comida podría mostrar insatisfacción y sugerir que sus palabras no se toman en serio. Una lengua inamovible podría revelar que se siente impotente e incapaz de expresar opiniones, advertir a los demás o simplemente ser escuchado por quienes le rodean. Todo ello puede verse como indicios de ansiedad en torno a la comunicación.

Senos

Uno de los símbolos oníricos más comunes, los pechos se asocian a menudo con la nutrición, la feminidad y la fertilidad. El simbolismo de los senos puede indicar una necesidad de consuelo y nutrición en la vida de vigilia tanto en hombres como en mujeres. Los pechos pueden tener connotaciones relacionadas con la protección materna cuando se ven como una entidad nutritiva, mientras que la sexualidad de los pechos también puede representarse en sueños para simbolizar deseos lujuriosos o un sentido de conexión. En general, soñar con senos representa la nutrición física o emocional, conexiones espirituales profundamente arraigadas y la posibilidad de la maternidad. Aunque éstas son algunas ideas centrales en torno al simbolismo de los senos, la experiencia de cada soñador se basará en última instancia en una interpretación personal determinada por las circunstancias actuales de su vida.

Pezones

Soñar con pezones puede indicar que busca formas de conectar con otra persona, ya sea íntimamente o en general. También podría simbolizar un deseo de alimento y consuelo y una búsqueda de sustento emocional. Además, soñar con pezones forma parte de los temas sexuales, ya que están relacionados con las partes más íntimas de uno mismo, donde se producen y exploran los sentimientos de deseo en los estados oníricos. Al comprender los diferentes conceptos relacionados con soñar con pezones, las personas pueden entender mejor sus deseos inconscientes y obtener nuevas perspectivas en sus vidas.

Brazos

Las armas representan fuerza, poder, agresividad y protección. A veces, soñar con brazos representa la sensación de estar armado con habilidades o recursos para afrontar las tareas y los retos de la vida. Pueden simbolizar la capacidad de pedir ayuda o de que alguien le tienda la mano y le ofrezca ayuda. Otras veces, los sueños con armas pueden indicar una necesidad de autodefensa o un esfuerzo por defender a un ser querido del peligro.

Abdomen

El simbolismo onírico del abdomen es bastante fascinante y tiene multitud de significados. Por lo general, el abdomen se asocia con el autocontrol, las emociones, la estabilidad financiera y las cuestiones de fertilidad o infertilidad. Al soñar con su abdomen, podría indicar que algo que tiene en su interior necesita atención y liberación. Podría ser un recordatorio para que se centre en mantener el equilibrio en su vida y controlar cualquier emoción extrema que pueda estar gobernando su comportamiento. Alternativamente, podría simbolizar la estructura de la propia identidad o una necesidad de libertad financiera para sentirse seguro. El dolor o las heridas abdominales en el mundo onírico pueden indicar problemas de infertilidad, mientras que unos abdominales esculpidos pueden representar fuerza y poder. Los símbolos oníricos sobre el abdomen son poderosos indicadores de que debe producirse una sanación para restablecer la armonía en la propia vida.

Dedos

Soñar con dedos tiene mucho simbolismo, dependiendo del contexto. Por lo general, los dedos representan asertividad y fuerza. Sin embargo, si los dedos en su sueño están rotos o mutilados, esto puede representar sentimientos de impotencia. Si se encuentra contando sus dedos en el estado de sueño, esto podría sugerir que se siente abrumado por las responsabilidades y tareas cotidianas. Soñar que estrecha la mano de otra persona puede significar a menudo una conexión entre dos partes: generalmente representa comprensión y respeto por las opiniones de la otra parte. Por otro lado, si en el sueño está apretando el puño, puede que se sienta enfadado o frustrado, y quizá le falte el control sobre algo que ocurre en su vida. Comprender los diferentes dedos simbólicos puede revelar lo que ocurre en su mente y es bastante fascinante.

Palma

Si en un sueño aparece una persona con la palma de la mano derecha abierta hacia usted, suele interpretarse como un signo de reconciliación o amistad. Cuando aparece en sueños con seres queridos, aferrarse a la mano de alguien podría representar su presencia reconfortante y su protección frente a las dificultades de la vida. Ver la palma de la mano en un sueño simboliza a menudo la esperanza o la confianza que empieza a tener en sí mismo, como tener fe para encontrar el valor de empezar algo nuevo o superar obstáculos. También podría ser un recordatorio de que posee la fuerza necesaria para enfrentarse a situaciones temibles o emprender esfuerzos ambiciosos. En consecuencia, los sueños en los que aparecen palmas de manos pueden significar muchas cosas, desde protección hasta esperanza, un símbolo universal con varios temas e interpretaciones.

Genitales

Los sueños que implican genitales son sorprendentemente comunes y a menudo pueden conllevar profundos mensajes psicológicos. Por lo general, tener sueños con genitales significa que el soñador está realizando algún tipo de transición, explorando una nueva identidad o abrazando una ya existente. También puede significar la oportunidad de realizar un poderoso cambio de perspectiva, que le permita tomar las riendas de su vida. Para algunas personas, representa un deseo sexual o la integración de su identidad de género. Además, los sueños que se centran en los genitales pueden simbolizar cómo alguien se experimenta a sí mismo en el nivel más íntimo, resaltando tanto los elementos positivos como los negativos de su autoimagen. En general, los sueños protagonizados por sus órganos sexuales proporcionan una visión de cómo navega la dinámica de poder dentro de sí mismo y en sus relaciones.

Nalgas

Las nalgas son un símbolo onírico destacado que representa la sensualidad, la fertilidad y el poder físico. Los sueños reflejan a menudo la necesidad de los soñadores de expresarse o moverse libremente. Esto puede interpretarse como una búsqueda de pasión e independencia de las expectativas externas. Las nalgas también se han relacionado con el crecimiento y la exploración en distintos aspectos de la vida, como los objetivos profesionales, las relaciones y la autorreflexión. Simbólicamente, las nalgas pueden sugerir que está trabajando para alcanzar su propio poder y abrazarse plenamente a sí misma.

Tobillos

Los tobillos han sido durante mucho tiempo un símbolo con varias capas diferentes de significado. En algunas culturas, los tobillos representan la estabilidad y el hogar: sentirse seguro y arraigado en su vida. Un sueño en el que los tobillos ocupan un lugar destacado puede representar la necesidad de centrarse en hacer planes o en formar unos cimientos sólidos para uno mismo. Los tobillos pueden representar sensualidad y feminidad. Un sueño en el que aparece ropa con tobillos podría revelar que está explorando su atractivo sexual, mientras que las imágenes de tobillos en torno a las alturas pueden sugerir que se siente frenada por sentimientos de duda o inseguridad sobre el futuro. Aunque el simbolismo de los tobillos varía de una cultura a otra, es innegable que estas articulaciones flexibles evocan emociones poderosas - tanto positivas como negativas - venga usted de donde venga.

Rodillas

Soñar con rodillas es un tema particularmente singular y fascinante. Los significados simbólicos de los sueños relacionados con las rodillas varían mucho en función de lo que aparezca en el sueño. Por lo general, soñar con rodillas representa flexibilidad, vulnerabilidad o estabilidad. Por ejemplo, si las rodillas de una persona son fuertes y estables en el paisaje onírico, esto podría simbolizar confianza en uno mismo y resistencia. Por el contrario, si las rodillas aparecen débiles y frágiles en el sueño, puede sugerir sentimientos de inestabilidad o debilitamiento de la determinación respecto a un asunto o situación. Del mismo modo, si una persona puede mover las partes de su cuerpo con facilidad en el sueño - desde agacharse hasta ponerse en cuclillas -, esto puede aludir a su nivel de flexibilidad en la vida o a su capacidad para pensar con rapidez y eficacia. En conjunto, estas interpretaciones son ideas valiosas para interpretar el simbolismo de la rodilla dentro de los sueños.

Piernas

Los sueños, llenos de simbolismo, pueden descubrir sus pensamientos y emociones subconscientes, por lo que el significado de algunos elementos extraños puede tener un significado particular. Un símbolo onírico frecuente son las piernas. Por lo general, soñar con piernas puede representar su deseo de estabilidad y equilibrio o indicar cómo afronta una determinada situación, ya sea alejándose de ella o dando un paso adelante. También puede apuntar a sentirse atado o restringido en la vida, luchando por avanzar o atrapado sin escapatoria. Además, soñar con piernas puede implicar confianza y fuerza o simbolizar la superación de obstáculos independientemente de su tamaño. Alternativamente, soñar con piernas aracnoideas podría simbolizar momentos difíciles que pronto pasarán si usted sigue siendo ingenioso. Los sueños con piernas suelen ser muy individualizados y pueden depender de los sentimientos que el soñador asocie a ellos para obtener una interpretación precisa, así que piénselo detenidamente antes de llegar a ninguna conclusión.

Dedos de los pies

Soñar con los dedos de los pies puede resultar desconcertante, pero en realidad dice bastante sobre su estado de ánimo y sus emociones actuales. Los dedos de los pies suelen simbolizar el equilibrio en su vida; si sus dedos están sanos y puede caminar sin dificultad, puede significar que se siente equilibrado en todos los aspectos de su vida o que tiene esperanzas. Sin embargo, si los dedos de los pies aparecen rotos o poco sanos, probablemente signifique que alguien se siente fuera de control. Además, soñar con cualquier tipo de movimiento en el que intervengan los dedos de los pies, como correr o bailar, podría representar alegría y felicidad, mientras que soñar con contar pasos sugiere centrarse en los detalles o evitar problemas. En general, el simbolismo onírico de los dedos de los pies oscila entre sentimientos de logro y desesperanza, dependiendo de la situación actual del soñador.

Sangre

La sangre es un símbolo poderoso que se ha utilizado para representar una variedad de temas a lo largo de la historia y a través de las culturas. Históricamente, se ha asociado a menudo con la vida y la muerte y el dolor o el sufrimiento, lo que refleja su posición entre ambos estados. También puede representar emociones intensas como la ira, la violencia y la pasión. En el simbolismo onírico, la sangre puede interpretarse de forma diferente según el contexto en el que aparezca. A veces puede significar pérdida o tristeza, pero también protección o sanación. A un nivel aún más profundo, la sangre en un sueño puede apuntar hacia la memoria ancestral, la pérdida del alma e incluso la transformación espiritual. Sea cual sea la forma que adopte su presencia, se cree que los sueños con sangre tienen un significado único, ya que a menudo reflejan intensas luchas internas de la propia naturaleza subconsciente.

Huesos

Los huesos son un símbolo común en los sueños, ya que representan tanto la vida como la muerte. Los sueños en los que aparecen huesos pueden representar a menudo algo que ha muerto o un ciclo que se ha roto, como la ruptura de un viejo hábito o actitud. Por otro lado, pueden simbolizar fuerza, resistencia y antepasados que han transmitido su sabiduría y conocimientos. Por ejemplo, soñar con un esqueleto antiguo puede representar una conexión con su pasado y cómo éste influye en su vida actual. Además, soñar con huesos múltiples o incompletos puede indicar una sensación de estar incompleto en algún nivel, con ciertas áreas de su vida que necesitan atención. En definitiva, los huesos son símbolos poderosos llenos de un profundo significado que captan la fragilidad y la belleza de la vida.

Capítulo 9: Cuando aparecen seres sobrenaturales

Su subconsciente genera los sueños. Esta parte de su mente es responsable de la imaginación, la intuición y los deseos y valores ocultos. Además de imágenes de usted mismo y de seres normales, su imaginación también puede crear personajes o seres sobrenaturales. Dragones, ángeles, espíritus, duendes y enanos son algunos de los personajes comunes que pueden aparecer en los sueños de la gente. Este capítulo explora el significado de estos personajes sobrenaturales que aparecen en los sueños, analizando el simbolismo y las variaciones.

Sueños sobre ángeles

Soñar con ángeles es un signo positivo. Los ángeles pueden ofrecer sabiduría, protección, orientación, seguridad y purificación. En muchas culturas, los ángeles también se consideran mensajeros de los dioses; sin embargo, también pueden tener otras funciones. Algunos ángeles se especializan en asuntos espirituales concretos, y prestarán su ayuda en ese campo. Los ángeles de la guarda tienen una poderosa conexión con las personas a su cargo y permanecen con ellas durante la mayor parte de su vida. Otros ángeles simplemente se materializan porque estaban disponibles en ese momento y notaron que se requería su ayuda.

Sea cual sea el tipo de ángel que aparezca en sus sueños, lo más probable es que lo hagan siempre de la misma forma. Pueden aparecer en un cartel, volar, hablar o cantar a su realidad onírica. Los ángeles

también pueden aparecer de formas más sutiles, como:
- Arco iris en el cielo
- Otros símbolos angélicos en el cielo
- Plumas blancas a su alrededor
- Sentir energía nutritiva a su alrededor
- Un repentino destello de luz
- Una voz que aparentemente sale de la nada
- La sensación de que una mano invisible te toca
- Sensación de hormigueo en el cuerpo o la cabeza

Si un ángel aparece en sus sueños (ya sea en persona o a través de símbolos) y nota que se siente feliz al despertar, es que ha sido bendecido con su energía. También podría significar que ha necesitado consuelo para un reto próximo o consejos para superar influencias tóxicas.

Si un ángel le canta o le habla en sueños, está abriendo su alma a su sabiduría. Le ayudará compartir sus quejas y preocupaciones para que puedan comprenderle mejor. Este sueño simboliza su triunfo sobre una herida pasada o un reto próximo. Puede actuar como una forma de intervención, en caso de que sepa que necesita consuelo o consejo. Tanto si las palabras del ángel le resultan familiares como si no, no se preocupe. Conllevan una bendición eterna que su alma comprenderá y abrazará sin palabras. Si recuerda que un ángel le habló, pero no puede recordar sus palabras, intente traerlas de vuelta en fragmentos a través de la meditación. Es probable que su conversación esté almacenada en su subconsciente. Sólo necesita la herramienta adecuada para acceder a ella. Cuando lo haga, sabrá en qué dirección avanzar.

Los ángeles y los demonios suelen aparecer juntos e interactuar en sueños. Si los ve luchando, esto indica que está experimentando un conflicto interior. Lo más probable es que se trate de decisiones acertadas o equivocadas o de ir en la dirección correcta. Puede que algo le esté impidiendo avanzar hacia un camino mejor. Este obstáculo puede estar representado por las dos fuerzas opuestas de su sueño. La lucha interior también puede provenir de emociones negativas, adicciones, impulsos poderosos o comportamientos autolimitantes similares.

Los sueños desaparecerán tras reconocer su conflicto, centrarse en rodearse de buenas energías y luchar contra las influencias tóxicas que provocan la disputa. Si no lo hacen, aún tiene asuntos que resolver.

Si sueña con alas de ángel, está protegido por una energía poderosa. Si se concentra lo suficiente, sentirá que esta energía le rodea. Es probable que este sueño aparezca cuando esté atravesando un periodo difícil y necesite más protección.

Aunque los ángeles adultos aparecen con frecuencia en los sueños, algunas personas también sueñan con ángeles bebés o querubines. Si nota que un ángel bebé de aspecto inocente aparece de repente en sus sueños, le están ofreciendo una amplia protección desde arriba. Estos seres tienen muchas funciones celestiales, entre ellas proteger la entrada al Jardín del Edén, lo que habla de su cercanía a Dios y a los demás ángeles. Si sueña con un ángel bebé, se enfrentará a un obstáculo importante y repentino en la vida y necesitará toda la ayuda angélica que pueda conseguir para superar sus retos.

Sueños sobre demonios

Los demonios en sueños nunca son una buena señal. Estos seres están vinculados a fuerzas hostiles. Si aparecen en sus sueños, tiene motivos para alarmarse. Es probable que se esté viendo afectado por energías negativas en su vida de vigilia. Estas energías pueden tener consecuencias perjudiciales para su vida. Puede tratarse de una situación laboral desagradable o de la relación con un jefe o colega, que le hunden y bloquean su desarrollo profesional. O puede representar un lugar en el que se sentiría seguro, pero en el que tiene que pasar muchas horas, lo que provoca ansiedad y otros desequilibrios entre las distintas partes de su vida. Los demonios también pueden estar vinculados a individuos complejos de la vida real que desean secretamente que usted fracase. Estos individuos complejos ocultan muy bien su verdadero rostro (demoníaco). Debe tener cuidado al interactuar con este tipo de personas para revelar quiénes son.

Sueños con dragones

Soñar con dragones tiene varios significados. Las circunstancias particulares, el color y la forma del dragón y su comportamiento influyen en el significado de este sueño. En las antiguas culturas occidentales, los dragones eran vistos a menudo como adversarios que los guerreros debían derrotar para asegurar su comunidad. Por ello, muchos ven a los "dragones de los sueños" como presagios de problemas, destrucción y sufrimiento en la vida real. Los dragones enfadados también denotan sentimientos y comportamientos negativos, típicamente nacidos de la ira y la pérdida de control.

Dicho esto, en las culturas orientales, los dragones tienen una imagen muy diferente. Se cree que traen buena suerte, protección y equilibrio a la vida de las personas. Si sueña con un magnífico y colorido dragón sin alas que actúa amistosamente, puede ser que esté anhelando la libertad y el equilibrio. Si es un sueño recurrente, está en camino de establecer este equilibrio.

Los dragones en sueños pueden simbolizar poder, figuras de autoridad o su deseo de tener estas características. Los dragones también son conocidos por ser excéntricos. Soñar con ellos puede indicar que usted tiene una personalidad apasionada y es propenso a encontrar soluciones poco ortodoxas para sus problemas. O puede tener un deseo oculto de expresar su pasión, buscar nuevas aventuras o lamentar haber perdido oportunidades de tener fondos en el pasado.

Aunque soñar con dragones enfadados puede dar miedo, recuerde que estas criaturas suelen aludir a sus emociones subconscientes reprimidas y a sus pensamientos reprimidos. Además, puede implicar un problema o conflicto con otra persona en su vida laboral o personal.

Sueños sobre enanos

Si ve un enano en su sueño, tiene suerte. Estas inusuales criaturas son símbolos de buena fortuna y sorpresas. Podría significar que le tocará la lotería y tendrá dinero suficiente para no preocuparse por sus finanzas durante un tiempo. O puede que reciba una herencia o un inesperado buen rendimiento de su inversión. Si hay varios enanos en sus sueños y sabe que va a jugar a la lotería, esto sugiere que debería compartir su boleto con otras personas para que puedan participar de su buena suerte.

Sueños con espíritus

Las imágenes oníricas de espíritus son probablemente las más comunes en los sueños de seres sobrenaturales. Casi todas las culturas antiguas tienen mitos y registros sobre espíritus. Sabiendo esto, no es sorprendente que estas criaturas se abrieran paso en la imaginación responsable de los aspectos oníricos. La mayoría de las culturas coinciden en que los espíritus pueden ser de naturaleza ambivalente.

Pueden aparecer como visiones, voces o símbolos en los sueños, proporcionando guía, sanación y protección o, en algunos casos, causando trastornos.

Los significados de los sueños con espíritus pueden variar en función de las circunstancias y las acciones de estas entidades en el mundo onírico. Algunos creen que los sueños vívidos con espíritus - especialmente con el espíritu de sus seres queridos - indican una fuerte conexión y la aparición real del alma en sus sueños. Soñar con espíritus ficticios no es más que la forma que tiene su cerebro de procesar la información relacionada con sus pensamientos y emociones.

En la mayoría de los casos, soñar con espíritus indica que tiene asuntos pendientes en su vida de vigilia. Esta asociación proviene de la creencia común de que los espíritus que vuelven de visita también tienen asuntos pendientes en este mundo. Además de esto, los sueños con espíritus pueden denotar incertidumbre y procesos de pensamiento descoordinados. Puede que se encuentre en una encrucijada en la vida y no esté seguro de hacia dónde ir a continuación. O puede que simplemente sienta curiosidad por saber adónde le lleva la vida, pero no pueda evitar sentirse nervioso al respecto. Debido a su naturaleza etérea, soñar con espíritus puede referirse a que se siente invisible en su vida personal o profesional.

Los espíritus en sueños son un fenómeno reconfortante porque representan la vida después de la muerte. Sin embargo, pueden verse como señales de mortalidad. Por ejemplo, si no se está cuidando, soñar con espíritus puede ser una advertencia de que debe empezar a prestar más atención a su salud.

Los espíritus también pueden verse como reflejos de su lado oculto, la parte con la que no se siente cómodo y a la que no quiere enfrentarse. Por ejemplo, si sueña con un espíritu que no puede ver, simplemente sienta y note las señales que le están enviando. Considere la posibilidad de hacer un poco de introspección para ver qué intenta ocultar de sí mismo. Puede que haya algo que usted pretenda no ver, pero su subconsciente seguirá percibiéndolo.

Los espíritus rara vez le hablan directamente en sus sueños, pero pueden hacer otras cosas. Si los espíritus de sus sueños mueven objetos a su alrededor, esto podría indicar que carece de control sobre algunas áreas de su vida de vigilia.

La aparición de espíritus en su sueño puede ser una experiencia estresante. Si se siente perseguido por el espíritu o sofocado por su energía negativa, esto indica que se siente abrumado por las personas o las situaciones del mundo real. También es posible que tema lo desconocido, por lo que se aferra a las aguas conocidas, aunque esto dificulte su progreso y crecimiento. Si es usted alguien que se preocupa a menudo por el futuro, es probable que tenga este sueño. No importa lo insignificante que sea el acontecimiento, no puede evitar esperar el peor resultado posible. Pensar constantemente en que pronto ocurrirá algo adverso hará que se preocupe y proyecte sus pensamientos y emociones en su subconsciente. Los espíritus inquietantes significan además un estado emocional vulnerable. Si se siente negativo respecto a alguien o algo en su vida de vigilia, ahora es el momento de tratar con ello para que pueda recuperar el control de sus sentimientos.

Si sueña que es un fantasma, podría significar que está experimentando una culpabilidad extrema por hechos pasados. Quizá haya hecho daño a alguien intencionadamente y nunca haya tenido la oportunidad de pedir perdón o rectificar la situación. Afrontar su sentimiento de culpa puede ayudarle a superarlo. Algunas personas también tienen un miedo paralizante a los espíritus en sus sueños. De nuevo, se trata de miedo de la vida real proyectado en su mundo onírico. Tendrá que buscar su causa y superar su miedo adoptando un enfoque más positivo de la situación.

Si sueña con los espíritus de seres queridos que han fallecido, el sueño trata de su conexión con ellos. Puede que necesite tener una última charla con ellos para encontrar un cierre. Puede que necesiten que les asegure que todo irá bien y que usted ha aceptado su fallecimiento y ha seguido adelante con su vida.

Sueños con duendes

Soñar con duendes refleja su esperanza y confianza en sus capacidades para alcanzar sus objetivos. Al igual que los ángeles, las hadas en sueños también son buenos augurios. Las hadas suelen parecer criaturas amistosas, por lo que soñar con ellas se asocia con la felicidad. Puede que consiga un logro importante en la vida o que obtenga algo que ha añorado desesperadamente o que creía imposible de conseguir. O puede que haya encontrado un objeto o una conexión que había perdido.

Aunque los sueños con duendes rara vez tienen connotaciones negativas, debe tener cuidado. Hay hadas maliciosas que son cualquier cosa menos amistosas y serviciales. Si sueña con un hada traviesa, esto indica que su vida emocional está desequilibrada. Si siente miedo de los espíritus en sus sueños, podría significar que tiene problemas en una de sus relaciones. Puede que alguien quiera formar parte de su vida, aunque usted no desee tener ningún vínculo con él.

Soñar con una varita de hada es un mensaje lleno de sabiduría. A menudo significa que debe escuchar a las personas que le rodean a la hora de tomar decisiones importantes, ya que le harán sabias sugerencias. Esto se aplica especialmente si quiere obtener beneficios de algo. Los duendecillos pueden darle muchas ganancias financieras, sólo tendrá que escuchar sus consejos.

Los vampiros en sueños simbolizan que su energía se agota en la vida de vigilia.[15]

Sueños con vampiros

Se sabe que los vampiros se alimentan de la sangre de personas vivas. Si aparecen en sus sueños, podría significar que algo o alguien está drenando su energía en su vida de vigilia. La sangre simboliza la energía que sostiene su mente, cuerpo y alma, algo sin lo que no puede sobrevivir. Soñar con vampiros es una advertencia para que observe atentamente su entorno e identifique qué partes le están chupando la vida. Piense en las áreas de su vida en las que tiene dificultades para avanzar o siente que no está haciendo un trabajo lo suficientemente bueno. Puede que su jefe le fije plazos irrazonables para sus proyectos, lo que hace que no consiga terminarlos. O puede que tenga una pareja controladora que no le deja expresar su personalidad y sus necesidades en sus relaciones. También puede tener un amigo que se queje constantemente de algo, que le deprima con su negatividad y le reste tiempo para actividades más productivas.

Guías espirituales

La mayoría de los guías espirituales son almas que residen en el reino espiritual. En lugar de pasar a otro ciclo vital, han elegido quedarse y velar por sus descendientes vivos. Se trata de las almas de los antepasados, de seres queridos o mascotas fallecidos recientemente o de personas a las que usted ha admirado durante su vida. Sin embargo, los guías espirituales también pueden ser seres sobrenaturales, como hadas, ángeles y demonios.

Se le empareja con un guía espiritual que puede servirle mejor en cualquier situación. Esto puede significar que tendrá varios guías espirituales a la vez. Por ejemplo, si se encuentra en una situación difícil, puede necesitar las fuerzas y la sabiduría complementarias de un ancestro y un ángel. El ancestro le proporcionará los conocimientos que necesita para encontrar una solución, mientras que el ángel le dará poder con su guía.

Sus guías espirituales le conocen mejor de lo que usted se conoce a sí mismo, lo que les hace útiles en el crecimiento espiritual y la sanación. Esta es también la razón por la que no aparecerán en la forma que usted esperaría de ellos. La mayoría de las personas no son conscientes de que sus guías espirituales están cerca porque aparecen en formas únicas, como los patrones de un sueño, por ejemplo. Si ve que un personaje intenta guiarle en sus sueños, es un signo común de que un compañero espiritual está actuando. Puede que le señalen un lugar concreto del mundo onírico, le digan que les siga o le muestren un símbolo que representa el siguiente paso que debe dar.

Algunos guías sólo aparecen durante un breve periodo de tiempo, le ayudan a superar un momento especialmente difícil y luego se marchan una vez que sus problemas se han resuelto. Supongamos que ha tenido un sueño recurrente sobre un ser sobrenatural, pero ha dejado de aparecer. Podría haber sido un compañero espiritual que ha cumplido su propósito. Otros guías están ahí para ayudarle en sus relaciones, experiencias, negocios o acontecimientos; sin embargo, cuando éstos terminen, las entidades también se marcharán.

Otros acompañantes son como expertos en su campo (como los arcángeles) y aparecen y desaparecen según sea necesario. Algunos guías sólo están ahí para ayudarle a superar su pérdida. Por ejemplo, si sueña con una mascota que ha perdido recientemente, puede que sea su alma diciéndole que es hora de seguir adelante. La mayoría de las personas tienen una o varias almas de por vida. Conoce a estas almas en la infancia y permanecerán con usted el resto de su vida. Aparecen en sueños, visiones y símbolos en su entorno. Le ayudan a descubrir sus dones, le guían hacia el camino correcto y le ayudan a permanecer en la senda elegida. Los compañeros espirituales pueden adoptar la forma de cualquier animal, planta o ser sobrenatural. Si tiene sueños recurrentes sobre una entidad sobrenatural, animal o planta específica, podría ser la forma que tiene su guía espiritual de intentar establecer contacto. Sus guías pueden ser persistentes, especialmente cuando saben que usted los necesita. Hay muchas razones por las que sus guías espirituales no aparecerán en su forma original. Por ejemplo, muchas personas no pueden soportar ver el verdadero rostro de un guía espiritual. Si su guardián cree que usted no está preparado, sólo le enviará señales sutiles y aparecerá en otras formas hasta que usted haya establecido un vínculo con ellos y esté preparado para aceptar su verdadera naturaleza. Las distintas entidades tienen habilidades diferentes. Puede que su espíritu guía no aparezca delante de usted en sus sueños porque simplemente no puede.

Capítulo 10: Técnicas avanzadas de interpretación de los sueños

Los sueños pueden estar llenos de personajes y símbolos extraños y misteriosos que parecen no tener equivalente en el mundo real. Son un reflejo de la mente subconsciente y, como tales, pueden revelar pensamientos, emociones y deseos ocultos de los que quizá no sea consciente en su vida de vigilia. Sin embargo, los sueños pueden ser difíciles de entender, ya que están llenos de símbolos que pueden parecer confusos o carecer de sentido. Aunque algunas personas creen que los sueños tienen un significado universal que puede descifrarse fácilmente, lo cierto es que la interpretación de los sueños es un proceso muy personal y subjetivo.

Una de las limitaciones de la interpretación de los sueños es la idea de que existe un significado universal detrás de los símbolos oníricos. Por ejemplo, algunas personas creen que un sueño con una serpiente siempre representa peligro o tentación; sin embargo, lo cierto es que la interpretación de un símbolo onírico es única para el soñador. De hecho, el mismo símbolo puede tener significados diferentes para distintas personas, en función de sus asociaciones personales y antecedentes culturales.

Este capítulo se centra en la importancia de las asociaciones personales, las emociones y el contexto en el análisis de los sueños. Explorando cómo se siente durante el sueño, centrándose en los personajes y objetos que le llaman la atención y teniendo en cuenta el contexto del sueño, puede obtener una comprensión más profunda de lo que su sueño puede estar intentando decirle.

Hacer las preguntas adecuadas

Recordar un sueño puede ser una tarea desalentadora, sobre todo si el sueño parece fragmentado o confuso. Afortunadamente, utilizando la técnica de las 5W, puede empezar a recomponer los detalles de su sueño y dar sentido a lo sucedido. Una vez que tenga una comprensión básica de los detalles de su sueño, es el momento de utilizar las respuestas para guiar el proceso de interpretación.

¿Quiénes eran los personajes de su sueño y qué papeles desempeñaban? ¿Qué objetos o símbolos le llamaron la atención y por qué? ¿Dónde tuvo lugar el sueño y qué significado tenía el lugar? ¿Cuándo ocurrió el sueño y qué acontecimientos condujeron a él? Respondiendo a estas preguntas, podrá empezar a descubrir los mensajes y significados ocultos de su sueño.

También es importante explorar cualquier acontecimiento, emoción o pensamiento significativo del día anterior que pueda haber influido en su sueño. Los sueños suelen ser un reflejo de sus pensamientos y emociones subconscientes, por lo que es posible que algo de su vida de vigilia haya desencadenado el sueño. Tal vez haya tenido un día estresante en el trabajo, o quizá haya mantenido una conversación importante con un ser querido. Mientras trabaja en el proceso de interpretación, preste mucha atención a sus emociones y sentimientos durante el sueño. ¿Se sintió asustado, ansioso o abrumado? ¿O se sintió feliz, amado o contento? Las emociones que experimente durante el sueño pueden ofrecer pistas importantes sobre los mensajes y significados subyacentes.

He aquí un ejemplo que puede tener en cuenta para aprender a interpretar mejor sus sueños:

Supongamos que ha soñado que estaba en una fiesta con sus amigos. He aquí cómo podría utilizar las 5W para analizar el sueño:

- **¿Quién?** ¿Quién estaba en la fiesta con usted? ¿Eran personas que conoce en la vida real o eran desconocidos?
- **¿Qué?** ¿Qué pasó en la fiesta? ¿Se divirtió o algo salió mal? ¿Hubo algún objeto o símbolo que le llamara la atención?

- **¿Cuándo?** ¿Cuándo ocurrió el sueño? ¿Fue durante el día o por la noche? ¿Ocurrió algo antes del sueño que pudiera haber influido en él?
- **¿Dónde?** ¿Dónde se celebró la fiesta? ¿Fue en un lugar conocido o en algún sitio nuevo?
- **¿Por qué?** ¿Por qué estaba en la fiesta? ¿Tenía una meta u objetivo específico, o sólo estaba allí para divertirse?

Digamos que, tras reflexionar, se da cuenta de que los asistentes a la fiesta eran sus amigos del instituto a los que no ve desde hace años. Se lo pasó muy bien en la fiesta, pero recuerda haberse sentido un poco fuera de lugar. También se dio cuenta de que había un reloj en la pared que marcaba las horas cada vez más deprisa. Utilizando esta información, puede empezar a explorar los mensajes y significados subyacentes en su sueño. Quizá el sueño represente el deseo de volver a conectar con viejos amigos, pero también el miedo a sentirse fuera de lugar o a no encajar. El tic-tac del reloj podría simbolizar una sensación de urgencia o la sensación de que el tiempo se acaba. Alternativamente, podría representar el miedo a perder oportunidades o a no aprovechar su tiempo al máximo.

Al explorar estas ideas y prestar atención a sus emociones durante el sueño, puede empezar a descubrir los mensajes y significados ocultos de su sueño y obtener una comprensión más profunda de sí mismo y de su mente subconsciente.

Es importante tener en cuenta las emociones a la hora de interpretar los sueños [16]

Examinar las emociones y los sentimientos

Las emociones son un elemento crucial a tener en cuenta a la hora de interpretar un sueño. Los sueños suelen acceder a sus sentimientos y emociones más profundos: cómo se siente durante el sueño y cuando se despierta puede dar algunas pistas importantes sobre lo que el sueño podría estar tratando de decirle. Así pues, debe tener en cuenta sus emociones durante el sueño para analizarlo con eficacia. ¿Se sentía ansioso, asustado o abrumado? ¿O se sentía tranquilo, alegre o curioso? Estas emociones pueden ofrecer pistas significativas sobre el significado del sueño. Por ejemplo, sentir miedo de un personaje del sueño puede indicar una sensación de vulnerabilidad o inseguridad, mientras que sentirse reconfortado por ese mismo personaje puede indicar una necesidad de apoyo o guía. Cuando despertó, ¿se sintió aliviado por despertar de un sueño aterrador? ¿O se sintió triste por dejar atrás un sueño agradable? Estas emociones pueden aportar más información sobre los mensajes y significados subyacentes del sueño.

Al interpretar los símbolos o personajes de los sueños, tenga en cuenta las emociones asociadas a ellos. Por ejemplo, un sueño con una serpiente puede evocar sentimientos de miedo o repugnancia para algunas personas, mientras que otras pueden sentirse fascinadas o intrigadas. Estas respuestas emocionales pueden influir en la interpretación de la serpiente en el sueño. Del mismo modo, un sueño sobre un ser querido puede tener significados muy diferentes según si el soñador se sintió feliz, triste o en conflicto en el sueño. Las emociones pueden ofrecer pistas importantes sobre lo que el sueño intenta comunicar y ayudarle a desvelar mensajes y significados ocultos. Considere estos ejemplos para comprender cómo intervienen las emociones en la interpretación de un sueño:

- **Soñar con volar:** Si el soñador se siente alegre y libre mientras vuela, esto podría simbolizar una sensación de liberación o la capacidad de superar los retos en su vida de vigilia. Sin embargo, si el soñador se siente ansioso o asustado mientras vuela, esto podría simbolizar un miedo al fracaso o a la pérdida de control.

- **Un sueño con agua:** Si el soñador se siente tranquilo y en paz mientras nada en una masa de agua, esto podría simbolizar equilibrio emocional y tranquilidad. Sin embargo, si el soñador se siente abrumado o ansioso mientras navega por aguas agitadas, esto podría indicar una sensación de estar abrumado por las emociones o los retos de la vida.

- **Soñar con una casa:** Si el soñador se siente feliz y cómodo en la casa, esto podría simbolizar una sensación de seguridad y pertenencia. Sin embargo, si el soñador se siente inquieto o asustado mientras explora la casa, esto podría indicar un miedo a lo desconocido o sentirse perdido en su vida de vigilia.

- **Soñar con un ser querido:** Si el soñador se siente feliz y querido mientras interactúa con un ser querido en el sueño, esto podría simbolizar una profunda conexión y sensación de apoyo. Sin embargo, si el soñador se siente conflictivo o molesto mientras interactúa con el ser querido, esto podría indicar asuntos sin resolver o una necesidad de cierre.

- **Soñar con un coche:** Si el soñador se siente en control y confiado mientras conduce un coche, esto podría simbolizar independencia y autodeterminación. Sin embargo, si el soñador se siente fuera de control o ansioso mientras conduce el coche, esto podría indicar un miedo a perder el control o una necesidad de orientación en su vida de vigilia.

Utilizar técnicas de interpretación creativa

Si aborda el análisis de los sueños con una mente abierta y la voluntad de explorar diferentes perspectivas, podrá descubrir símbolos ocultos, asociaciones y conexiones que podrían no ser evidentes a primera vista. Las técnicas de interpretación creativa implican pensar fuera de la caja y considerar múltiples posibilidades de lo que un símbolo o personaje podría representar. Le animan a confiar en sus instintos y a recurrir a sus experiencias y asociaciones personales a la hora de interpretar sus sueños. En las secciones siguientes, se explorarán varias técnicas avanzadas de análisis de los sueños.

1. Amplificación

Esta técnica consiste en ampliar las imágenes y símbolos de su sueño explorando sus asociaciones históricas, culturales y personales. Implica explorar la rica red de asociaciones y significados que rodean a un símbolo o imagen onírica. Esta técnica se basa en la idea de que una imagen onírica puede tener muchas capas de significado y que, profundizando en estos significados, podrá comprender mejor el mensaje que subyace al sueño.

Para utilizar la técnica de amplificación, empiece por identificar un símbolo o imagen que le haya llamado la atención en el sueño. A continuación, considere todos los posibles significados y asociaciones que le vengan a la mente cuando piense en ese símbolo. Esto podría implicar recurrir a experiencias personales, símbolos culturales, referencias históricas y otras fuentes de inspiración. Si explora estas asociaciones y amplía el significado del símbolo, podrá descubrir nuevas perspectivas sobre el sueño y su significado.

Por ejemplo, supongamos que ha soñado con un gato. Utilizando la técnica de amplificación, puede empezar por considerar todos los significados y asociaciones posibles de un gato. Considere las características físicas del gato, como su agilidad, independencia y gracia. Considere también las asociaciones culturales con los gatos, como su papel en la mitología del antiguo Egipto como protectores de la otra vida. Por último, reflexione sobre sus experiencias con los gatos, incluidas las emociones positivas o negativas que asocie a estos animales. Puede que se dé cuenta de que el gato simboliza su deseo de independencia y libertad o representa una sensación de misterio e intriga en su vida de vigilia.

2. Imaginación activa

La imaginación activa es una poderosa técnica de análisis de los sueños que consiste en comprometerse con los símbolos y las imágenes de sus sueños mediante la visualización y la participación activa. Con una imaginación activa, no se limita a observar las imágenes de sus sueños, sino que se sumerge en ellas y explora toda su gama de significados y asociaciones. Para utilizar la imaginación activa, empiece por identificar un símbolo o imagen que le haya llamado la atención en su sueño. A continuación, intente visualizarse interactuando con ese símbolo o imagen, utilizando todos sus sentidos para sumergirse plenamente en el mundo onírico. Imagínese hablando con un personaje del sueño, explorando un paisaje onírico o participando en un acontecimiento soñado.

Supongamos que ha tenido un sueño en el que caminaba por un callejón oscuro. En el sueño se sentía asustado y vulnerable, y figuras sombrías acechaban en las esquinas. Cuando despertó, seguía teniendo una sensación de miedo e inquietud, y no estaba seguro de lo que el sueño podía estar intentando decirle. Para utilizar la imaginación activa para analizar este sueño, podría empezar por visualizarse de nuevo en el sueño, caminando por el callejón una vez más. Mientras camina, intente prestar atención a los detalles de su entorno: ¿Qué ve, oye y siente? ¿Hay alguna sensación o emoción en particular que le llame la atención?

A continuación, podría intentar interactuar con el entorno del sueño de alguna manera. Por ejemplo, podría intentar encontrar una salida del callejón o enfrentarse a las figuras sombrías que le acechan. Mientras interactúa con el sueño, preste atención a cómo cambian sus emociones y pensamientos. ¿Siente más o menos miedo? ¿Experimenta alguna sensación de poder o control? A medida que siga interactuando con el sueño en su visualización, puede que descubra nuevas percepciones y asociaciones. Por ejemplo, puede darse cuenta de que el sueño representa un miedo o una ansiedad con los que ha estado luchando en su vida de vigilia. O puede descubrir que el sueño le está señalando una situación o relación que siente insegura o amenazadora.

3. Diálogo

La técnica del diálogo es una herramienta poderosa para la interpretación de los sueños, ya que le permite explorar las relaciones e interacciones entre los distintos elementos de su sueño de una forma más matizada y dinámica. En lugar de limitarse a analizar cada elemento de forma independiente, puede utilizar el diálogo para crear una comprensión más compleja y estratificada del sueño en su conjunto. Para utilizar la técnica del diálogo, empiece por identificar dos o más elementos de su sueño que parezcan estar en conflicto o en conversación entre sí.

Supongamos que tiene un sueño en el que está de pie en una playa, mirando al océano. Mientras observa las olas, nota a lo lejos una pequeña embarcación que se dirige hacia usted. A medida que la embarcación se acerca, ve que está pilotada por una figura que no alcanza a distinguir. Cuando la barca se acerca a la orilla, se da cuenta de que el piloto es en realidad su padre, fallecido hace varios años. Le invita a subir al barco y comienza a dirigirlo hacia mar abierto. Mientras navegan juntos, siente una mezcla de emociones: emoción, alegría y un sentimiento de profunda tristeza al mismo tiempo.

Para utilizar la técnica del diálogo para interpretar este sueño, imagine una conversación entre usted y su padre en el barco. ¿Qué le diría usted y qué le diría él? ¿Qué emociones expresaría usted y cómo respondería él? Al imaginar este diálogo, descubrirá nuevas percepciones y asociaciones sobre su relación con su padre y sus emociones y deseos. Por ejemplo, puede que se dé cuenta de que el sueño está aprovechando su anhelo de conexión e intimidad con su padre o que el barco representa un viaje o transición que está atravesando actualmente.

4. Gestalt

La técnica Gestalt es otra gran herramienta para la interpretación de los sueños que le ayudará a descubrir una visión más profunda de los patrones y temas que subyacen en sus sueños. Para utilizar esta técnica, tendrá que acercarse a su sueño con una mente abierta y la voluntad de explorar sus diversos elementos y relaciones. Por ejemplo, supongamos que sueña que camina por un mercado abarrotado de gente, ojea los puestos y charla con los vendedores. Mientras camina, observa un patrón recurrente de colores rojos y verdes, que parecen aparecer de distintas formas a lo largo del sueño, desde las frutas y verduras de los puestos hasta la ropa de las personas que le rodean.

Para utilizar la técnica Gestalt para interpretar este sueño, intente ver el sueño en su conjunto y explorar las relaciones y conexiones entre los distintos elementos. ¿Qué representan para usted los colores rojo y verde y cómo se relacionan con los demás elementos del sueño? ¿Qué patrones y temas emergen cuando observa el sueño en su conjunto? Puede que se dé cuenta de que los colores rojo y verde representan lados diferentes de su vida emocional: el rojo representa la pasión y la intensidad y el verde el crecimiento y la abundancia. O podría ver el mercado abarrotado como un símbolo de su deseo de conexión e interacción social, y los colores recurrentes resaltan las diferentes experiencias emocionales que encuentra en estas situaciones.

Estas técnicas avanzadas de interpretación pueden ayudarle a comprender mejor sus sueños y descubrir mensajes y significados ocultos que podría haber pasado por alto con un análisis más básico. Sin embargo, tenga en cuenta que la interpretación de los sueños es subjetiva y que no existe una única forma "correcta" de interpretar un sueño. La clave está en mantener la mente abierta, explorar distintas posibilidades y confiar en su intuición. No tema experimentar con distintos enfoques y técnicas hasta que encuentre lo que mejor funciona. Confíe en su intuición y déjese guiar por sus percepciones y su sabiduría interior.

Glosario de símbolos de los sueños

Colores

Negro: El negro sugiere sentimientos de tristeza o desesperación en un sueño; sin embargo, también puede reflejar poder y fuerza. Además, puede representar obstáculos que hay que superar.

Azul: Los azules suelen asociarse en sueños con sentimientos de paz y tranquilidad. También pueden significar guía espiritual o comunicación positiva.

Marrón: El marrón apunta a sentimientos de estabilidad, fiabilidad y comodidad. También puede indicar la necesidad de estar anclado en la realidad.

Dorado: El dorado simboliza generalmente la riqueza y la abundancia en sueños, pero también puede representar la sabiduría y el crecimiento espiritual.

Gris: El gris se asocia típicamente con la neutralidad en los sueños. Puede sugerir una falta de emoción o sentimiento o una decisión inminente sobre la que uno aún no se ha decidido.

Verde: El verde representa generalmente el equilibrio, la armonía y el crecimiento. Puede simbolizar la renovación, la fertilidad o la prosperidad.

Naranja: El naranja suele relacionarse con la creatividad e indica abundante energía y entusiasmo.

Rosa: El rosa representa el amor, el romanticismo y la feminidad. También puede simbolizar la compasión y la comprensión.

Púrpura: El púrpura simboliza típicamente el misterio, la conciencia espiritual o la comprensión superior en los sueños. También puede sugerir una conexión con lo sobrenatural.

El arco iris: Los arco iris se asocian a menudo con la esperanza y la alegría, pero también pueden significar transformación o buena suerte. Pueden representar una necesidad interior de equilibrio y armonía.

Rojo: El rojo puede simbolizar emociones fuertes como el amor, la ira, la pasión y la intensidad. También puede representar peligro o advertencia.

Plateado: El plateado suele indicar fuerza espiritual y sabiduría interior. También puede reflejar la capacidad de ver a través del engaño o la mentira.

Blanco: El blanco suele considerarse en sueños un signo de pureza y paz. Puede ser indicativo de nuevos comienzos y claridad de pensamiento.

Amarillo: El amarillo suele asociarse con la alegría, la felicidad, el optimismo y la buena suerte. También puede representar la inteligencia y la claridad mental.

Animales

Oso: Los osos representan el poder, la autoridad y la capacidad de liderazgo. Si aparece uno en su sueño, podría ser el momento de que se haga cargo de una situación y tome decisiones.

Abeja: Las abejas representan el trabajo duro, la diligencia y la productividad. Si aparece una en su sueño, puede que sea el momento de esforzarse más para alcanzar el éxito.

Pájaro: Los pájaros representan la libertad y el crecimiento espiritual. Pueden sugerirle que asuma riesgos y haga cambios en su vida para crecer y tener éxito.

Mariposa: Las mariposas simbolizan a menudo la transformación y los nuevos comienzos. Soñar con una mariposa podría sugerir que está listo para dejar atrás el pasado y embarcarse en un nuevo viaje.

Gato: Los gatos simbolizan a menudo la independencia, la gracia, la feminidad y el misterio. También pueden indicar que está dispuesto a explorar nuevas ideas u oportunidades.

Ciervo: Los ciervos suelen representar la gracia, la dulzura y la sensibilidad. Si aparece uno en su sueño, puede que haya llegado el momento de que aborde una situación con más cuidado y comprensión.

Perro: Los perros representan la lealtad, la protección y la devoción. Soñar con un perro podría significar que ha llegado el momento de depositar más confianza en las personas que le rodean o de pedirles ayuda cuando la necesite.

Dragón: Los dragones representan el poder, la fuerza y el valor. Soñar con un dragón puede sugerir que ha llegado el momento de recurrir a estas cualidades en su interior para alcanzar el éxito.

Elefante: Los elefantes representan la sabiduría, la fuerza y la paciencia. Pueden sugerirle que dé un paso atrás y evalúe su situación para seguir adelante.

Peces: Los peces en sueños suelen representar la creatividad, la fertilidad, la abundancia y la suerte. Podrían sugerirle que aproveche una oportunidad que se le presente.

Zorro: El zorro simboliza la inteligencia y la astucia. Soñar con un zorro puede sugerir que ha llegado el momento de utilizar su ingenio y sus conocimientos para salir adelante.

Caballo: Los caballos representan el poder, la fuerza y la resistencia. También pueden significar el progreso en su viaje para alcanzar sus objetivos.

León: Los leones son símbolos de valentía, fuerza y confianza. También pueden sugerir que necesita ser más firme para conseguir lo que quiere de la vida.

Mono: Los monos suelen simbolizar la picardía y el juego. Soñar con un mono puede instarle a relajarse y divertirse mientras persigue sus objetivos.

Búho: Los búhos se asocian a menudo con el misterio, los secretos, la sabiduría y la intuición. Soñar con un búho puede sugerir que necesita confiar en sus instintos a la hora de tomar decisiones.

Conejo: Los conejos suelen representar la fertilidad, la abundancia y la suerte. También pueden sugerirle que ha llegado el momento de dar un salto de fe para alcanzar el éxito.

Rata: Las ratas pueden considerarse símbolos del miedo, la enfermedad y el peligro. Sin embargo, también pueden representar la adaptabilidad y el ingenio, que le permitirán superar los obstáculos.

Serpiente: Las serpientes suelen considerarse un símbolo de transformación y crecimiento espiritual. También pueden advertirle de que el peligro o la tentación están cerca, así que tenga cuidado.

Tigre: Los tigres representan la audacia, el valor y la determinación. Si aparece un tigre en su sueño, puede que haya llegado el momento de que recurra a estas cualidades en su interior para alcanzar el éxito.

Lobo: Los lobos suelen considerarse símbolos de protección, guía y lealtad. Si aparece un lobo en su sueño, puede significar que alguien cercano a usted le ayudará a conducirle por el buen camino.

Números

Uno: Simboliza la unidad, la culminación y el comienzo de algo nuevo. Puede verse como un hito o el comienzo de una aventura.

Dos: Representa las relaciones, las asociaciones, el equilibrio y la dualidad. También puede referirse a las elecciones que hay que hacer y a estar atrapado entre dos opciones.

Tres: Se refiere a la expresión creativa y al crecimiento. Simboliza el potencial y se asocia con la autoexpresión y el optimismo.

Cuatro: Asociado con la estabilidad y la seguridad en la vida y los sentimientos de estar enraizado y arraigado en el propio universo.

Cinco: Representa el cambio y la transformación, tanto internos (desarrollo personal) como externos (cambios en el entorno).

Seis: Hace referencia a la armonía y el equilibrio. A menudo simboliza la necesidad de crear un entorno o una situación armoniosa para alcanzar los propios objetivos.

Siete: Asociado con el crecimiento espiritual, la sabiduría interior y la intuición. También puede representar los logros y el éxito.

Ocho: Simboliza la abundancia, la prosperidad y la confianza en sí mismo.

Nueve: Representa los ciclos vitales, la renovación, los finales, los comienzos y el cierre de viejos capítulos de la vida. También puede ser un signo de nuevas oportunidades o nuevos comienzos.

Diez: Representa la plenitud y la totalidad que se obtienen al alcanzar el éxito tras un duro trabajo y dedicación. Se considera un signo del destino y el final de un ciclo.

Once: Se asocia con la iluminación espiritual, la guía divina y la conciencia superior. También puede indicar el propio camino o viaje espiritual.

Doce: Simboliza la fuerza interior, la fe en uno mismo y en el universo, y el poder personal. Significa una mayor perspicacia y comprensión del propósito de la propia vida.

Trece: Representa la intuición, los sueños proféticos, las visiones y la capacidad de ver más allá del reino físico. También puede simbolizar la transformación y la ascensión.

Catorce: Significa buena suerte, éxito y tener todo lo que uno necesita en la vida. También puede verse como un recordatorio de que la ayuda está en camino.

Quince: Se refiere a la independencia y a la liberación de las limitaciones o creencias del pasado que frenan a alguien. Significa manifestar un cambio positivo en la propia vida.

Dieciséis: Asociado con el crecimiento y el desarrollo personal, alcanzando nuevos niveles de comprensión, sabiduría e iluminación.

Diecisiete: Representa la fuerza interior, la perseverancia y el valor. También puede simbolizar la esperanza y el autoempoderamiento.

Dieciocho: Simboliza el ciclo de la vida y la finalización del propio viaje. Puede significar la realización espiritual y la iluminación.

Diecinueve: Hace referencia a la renovación, la sanación y el perdón, tanto a nivel individual como en las relaciones con los demás. Simboliza el crecimiento personal y la transformación.

Veinte: Representa la estabilidad, el equilibrio y la seguridad en la vida, junto con sentimientos de estar enraizado y arraigado en el propio universo. También puede indicar que la ayuda está en camino.

Plantas

El narciso: El narciso significa nuevos comienzos, esperanzas de futuro, renacimiento y resurrección.

La dalia: Una dalia representa la elegancia, la gracia, la dignidad, la fuerza interior, la resistencia y el optimismo.

La margarita: La margarita simboliza la inocencia, la pureza, la juventud, el optimismo y la alegría.

El hibisco: El hibisco significa belleza, feminidad, amor, lealtad y paz.

La hortensia: La hortensia representa la gratitud, el aprecio, la comprensión, la armonía y la gracia.

La hiedra: La hiedra simboliza la lealtad, la amistad, la longevidad, la fuerza, la resistencia y la determinación.

El lirio: El lirio significa pureza, inocencia, renacimiento, rejuvenecimiento y vida después de la muerte o renovación.

El loto: Un loto representa la iluminación, el despertar espiritual, el poder divino, la paz interior y la armonía para quienes contemplan su belleza.

La caléndula: La caléndula simboliza la pasión, el valor y la fuerza. En muchas culturas se considera una flor que trae buena suerte y alegría.

La orquídea: Una orquídea significa amor, belleza, lujo y riqueza. Su belleza exótica la convierte en un regalo ideal para obsequiar a un ser querido.

La rosa: Una rosa representa el amor, la belleza, la perfección, la pasión, el romance y las emociones profundas.

El girasol: El girasol simboliza el optimismo, la esperanza y la buena fortuna. Es un recordatorio de que, incluso en los momentos más oscuros, siempre hay luz al final del túnel.

El tulipán: El tulipán significa abundancia, fertilidad y prosperidad. También se cree que trae buena suerte en muchas culturas.

Partes del cuerpo

Brazos: Los brazos significan fuerza, comodidad, protección y capacidad para llevar a cabo las tareas de su vida.

Espalda: La espalda representa a menudo el apoyo, la fuerza, la resistencia en tiempos difíciles y la necesidad de mirar atrás a experiencias pasadas o dar marcha atrás en algo para avanzar con mayor claridad.

Cerebro: El cerebro se asocia con el intelecto, la resolución de problemas y la sabiduría. Un sueño con el cerebro puede sugerir que necesita utilizar su capacidad analítica o su intuición para dar sentido a algo que ocurre en su vida.

Orejas: Las orejas simbolizan a menudo escuchar y prestar atención a lo que dicen los demás. También podrían sugerir que debe prestar más atención a su entorno para comprender las situaciones que le rodean.

Ojos: Los ojos simbolizan la perspicacia y ver las cosas con claridad. Los sueños sobre ojos pueden indicar una necesidad de claridad o perspicacia en una situación a la que se enfrenta en su vida de vigilia.

Cabello: El cabello significa una necesidad de autoexpresión, creatividad y un deseo o impulso de destacar entre la multitud.

Manos: Las manos representan la creatividad, la sanación, la capacidad de completar tareas y la necesidad de control o autoridad sobre algo.

Cabeza: La cabeza simboliza el intelecto, la sabiduría y la necesidad de utilizar la mente para resolver un problema o averiguar una solución.

Corazón: El corazón se asocia con las conexiones emocionales, la compasión, el amor, la comprensión y la necesidad de sanación o conexión emocional en su vida.

Piernas/pies: Las piernas y los pies significan movimiento, progreso, un viaje, sentirse estancado en algún área de su vida y la necesidad de avanzar para lograr sus objetivos.

Boca: La boca puede representar la expresión, la comunicación, la voz y las cosas que necesita decir, pero que no puede expresar por miedo u otros obstáculos.

Nariz: La nariz simboliza a menudo la intuición, el conocimiento, la perspicacia o la necesidad de aumentar la conciencia de sí mismo o del mundo que le rodea.

Hombros: Los hombros se asocian con el apoyo, la fuerza, la resistencia a la hora de afrontar situaciones difíciles y la necesidad de asumir responsabilidades y rendir cuentas de sus actos.

La piel: La piel puede significar vulnerabilidad, sensibilidad, perspicacia y una necesidad de protegerse del mundo exterior o de ser más abierto y aceptar a los demás.

El estómago: El estómago puede representar la digestión (literal y metafóricamente), la seguridad y la estabilidad, y la alimentación a nivel emocional.

Los dientes: Los dientes simbolizan la comunicación, la capacidad de expresarse en diferentes situaciones y la necesidad de ser más consciente de lo que se dice o de cómo se dice.

Conclusión

Descifrar los sueños es una herramienta poderosa que puede conducirle a una profunda percepción personal, ofreciéndole la oportunidad de explorar su mente subconsciente. A través de la interpretación de los sueños, puede identificar ciertos patrones recurrentes en sus pensamientos y comportamientos, así como obtener una comprensión de sus experiencias vitales y sus relaciones con los demás. Explorar las profundidades de su mente subconsciente y comprender sus mensajes ocultos a través de los sueños es un proceso apasionante que puede ser una poderosa herramienta de crecimiento personal.

Después de leer este libro sobre la interpretación de los sueños, dispondrá de los conocimientos necesarios para descifrar los diferentes elementos que pueden aparecer en sus sueños e interpretar su simbolismo. Tendrá una buena idea de lo que significa soñar con lugares, animales, plantas, colores y partes del cuerpo. Armado con un nivel más profundo de autoconciencia a través de técnicas de interpretación de sueños como la asociación libre y el diario de sueños, podrá descubrir más sobre sí mismo y sobre cómo experimenta el mundo que nos rodea.

Además de descubrir detalles vitales sobre uno mismo, es fundamental tener en cuenta que los sueños son a menudo un intento de nuestro cerebro de procesar emociones o recuerdos difíciles que han sido reprimidos. Al comprender estos símbolos en sus sueños, puede empezar a sanar de traumas pasados o asuntos sin resolver. También es importante recordar que los sueños no siempre son interpretaciones literales de acontecimientos o sentimientos; pueden ser representaciones más abstractas o simbólicas de experiencias. Por lo tanto, es crucial que las personas que busquen claridad en torno a la interpretación de un sueño se acerquen a ellos con amplitud de miras y curiosidad.

Por último, cualquiera que intente descifrar sus sueños debe tratar su viaje con cuidado y respeto. Aunque algunas interpretaciones pueden resultar incómodas o incluso dolorosas al principio, las personas que emprenden este viaje espiritual deben aprender a confiar en su intuición y darse tiempo para reflexionar antes de hacer cambios drásticos basados en sus nuevos conocimientos. La interpretación de los sueños no tiene por qué ser una experiencia intimidatoria o abrumadora, sino que debe considerarse como una oportunidad de crecimiento y descubrimiento personal a través de la cual puede alcanzar mayores niveles de comprensión tanto en su interior como en lo que respecta a los demás que le rodean.

A través de este libro, los lectores podrán por fin dar sentido a esos sueños misteriosos que se han ido repitiendo en sus vidas. Sus sueños son ahora accesibles para una exploración más profunda, lo que le ayudará a lograr una mayor comprensión de sí mismo y de hacia dónde quiere ir en el futuro. Que este libro le ayude a aportar claridad y propósito a su vida: así que, ¡siga soñando!

Vea más libros escritos por Mari Silva

Su regalo gratuito

¡Gracias por descargar este libro! Si desea aprender más acerca de varios temas de espiritualidad, entonces únase a la comunidad de Mari Silva y obtenga el MP3 de meditación guiada para despertar su tercer ojo. Este MP3 de meditación guiada está diseñado para abrir y fortalecer el tercer ojo para que pueda experimentar un estado superior de conciencia.

https://livetolearn.lpages.co/mari-silva-third-eye-meditation-mp3-spanish/

¡O escanee el código QR!

Bibliografía

AloDreams. "11 Dreams About Childhood Home - Meaning & Interpretation." Accessed April 1, 2023. https://alodreams.com/dreams-about-childhood-home.html

Alodreams.com. "#19 laughing - Dream Meaning & Interpretation." Accessed April 1, 2023. https://alodreams.com/laughing-dream-meaning.html

Alodreams.com. "#98 Dreams about Detached body parts - Meaning & Interpretation." Accessed April 1, 2023. https://alodreams.com/dreams-about-detached-body-parts.html

Angel Number. "Tunnel - Dream Meaning and Symbolism." Last modified March 17, 2021. https://angelnumber.org/tunnel-dream-meaning/

Apsara. "Falling in Your Dreams - Interpretation and Symbolism." Symbol Sage. Last modified September 28, 2022. https://symbolsage.com/falling-in-dreams-meaning/

Apsara. "What Does It Mean to Dream of Drowning?" Symbol Sage. Last modified September 26, 2022. https://symbolsage.com/dream-about-drowning/

Barber, N. "What Do Dreams of Numbers mean?" Dreams Limited. Last modified October 17, 2022. https://www.dreams.co.uk/sleep-matters-club/what-do-dreams-about-numbers-mean

Barber, N. "What Do Dreams of Water Mean?" Dreams Limited. Last modified June 17, 2022. https://www.dreams.co.uk/sleep-matters-club/what-do-dreams-of-water-mean-2

Barber, N. "What Do Ghost Dreams Mean?" Dreams Limited. Last modified December 13, 2021. https://www.dreams.co.uk/sleep-matters-club/what-do-ghost-dreams-mean

Basalt Spiritual. "12 Spiritual Meanings When You Dream About Drowning." Last modified December 8, 2022. https://www.basaltnapa.com/dream-about-drowning/

BetterSleep. "Dream Journals Explained." Last modified September 13, 2022. https://www.bettersleep.com/blog/dream-journal/

Björklund, Anna-Karin. "Do You Remember Numbers In Your Dreams? Here's What They Mean." Mindbodygreen. Last modified March 7, 2020. https://www.mindbodygreen.com/articles/what-does-dreaming-of-numbers-really-mean-heres-what-to-know

Brown, J. "What Does It Mean if You Dream About Flying?" ShutEye. Last modified July 16, 2021. https://www.shuteye.ai/dream-about-flying/

Bulkeley, Kelly. "Jung's Theory of Dreams: A Reappraisal." Psychology Today. Last modified March 23, 2020. https://www.psychologytoday.com/us/blog/dreaming-in-the-digital-age/202003/jung-s-theory-dreams-reappraisal-0

Casale, Rebecca. "How To Remember Your Dreams." World of Lucid Dreaming. Accessed April 1, 2023. https://www.world-of-lucid-dreaming.com/how-to-remember-your-dreams.html

Chakraborty, S. "Dreaming of Laughing – Enjoy the Good Times of Your Life." ThePleasantDream. Last modified May 25, 2023. https://thepleasantdream.com/dreaming-of-laughing/

Cherry, Kendra. "How to Interpret Dreams." Verywell Mind. Last modified February 23, 2023. https://www.verywellmind.com/dream-interpretation-what-do-dreams-mean-2795930

Christian, A. "8 Stairs Dream Interpretation." DreamChrist. Last modified December 24, 2020. https://www.dreamchrist.com/stairs-dream-interpretation/

Christian, A. "9 Beach Dream Interpretation." DreamChrist. Last modified April 2, 2020.. https://www.dreamchrist.com/beach-dream-interpretation/

Christian, A. "10 Laughing Dream Interpretation." DreamChrist. Last modified September 19, 2020. https://www.dreamchrist.com/laughing-dream-interpretation/

Christian, A. "15 Church Dream Interpretation." DreamChrist. Last modified April 7, 2020.. https://www.dreamchrist.com/church-dream-interpretation/

Christian, A. "10 Amusement Park Dream Interpretation." DreamChrist. Last modified November 6, 2020. https://www.dreamchrist.com/amusement-park-dream-interpretation/

Christian, A. "Forest Dream Interpretation." DreamChrist. Last modified November 11, 2020.

https://www.dreamchrist.com/forest-dream-interpretation/

Cummins, Pamela. (2017, June 8). "12 Benefits of Dream Interpretation." Last modified June 8, 2017. https://pamelacummins.com/2017/06/08/12-benefits-of-dream-interpretation/

Daphne. "Dream Of The Amusement Park? 7 Fun Reasons." Daphne Den. Last modified October 19, 2021. https://daphneden.com/dream-amusement-park/

Derisz, Ricky. "How To Boost Your Dream Recall For Higher Creativity." Goalcast. Last modified June 4, 2022. https://www.goalcast.com/how-to-boost-your-dream-recall-for-higher-creativity/

Donovan, Melissa. "Journal Prompts for Dreamers." Writing Forward. Last modified June 16, 2020. https://www.writingforward.com/writing-prompts/journal-prompts/journal-prompts-for-dreamers

Dream Dictionary. "Church Dream Meaning." Last modified May 18, 2020. https://www.dreamdictionary.org/dream-dictionary/church-dream-meaning/

Dream Dictionary. "Dreaming Of Angels." Last modified November 4, 2021. https://www.dreamdictionary.org/dream-meaning/dreaming-of-angels/

Dream Dictionary. "Dreams About My Childhood Home." Last modified March 26, 2021. https://www.dreamdictionary.org/meaning/dreams-about-my-childhood-home/

Dreams, J. I. "12 Dream Interpretation Techniques to Understand Your Dreams." Journey Into Dreams. Last modified August 12, 2022. https://journeyintodreams.com/dream-interpretation-techniques/

Dreams, J. I. "City Dream Symbol Meaning." Journey Into Dreams. Last modified July 22, 2018. https://journeyintodreams.com/city-dream-symbol-meaning/

Dreams, J. I. "The Meaning of Colors: Color Symbolism in Our Dreams." Journey Into Dreams. Last modified July 16, 2020. https://journeyintodreams.com/colors/

Dream Meaning. "Fairy Dream Meaning Interpretation." Last modified July 13, 2019. https://www.dreammeaning.xyz/fairy-dream-meaning-interpretation/

Flo Saul. "Beach." Auntyflo. Last modified October 4, 2012. https://www.auntyflo.com/dream-dictionary/beach-0

Flo Saul. "Dream of Amusement Park." Auntyflo. Accessed April, 2023. https://www.auntyflo.com/dream-dictionary/amusement-park

Flo Saul. "Dream Of Childhood Home." Auntyflo. Accessed April 1, 2023. https://www.auntyflo.com/dream-dictionary/dream-of-childhood-home

Flo Saul. "Dreams About Animals." Auntyflo. Accessed April 1, 2023. https://www.auntyflo.com/dream-dictionary/dreams-about-animals

Flo Saul. "Dreams About Church." Auntyflo. Accessed April 1, 2023. https://www.auntyflo.com/dream-dictionary/dreams-about-church

Flo Saul. "Dreams About Drowning." Auntyflo. Accessed April 1, 2023. https://www.auntyflo.com/dream-dictionary/drowning

Flo Saul. "Dreams About Running." Auntyflo. Accessed April 1, 2023. https://www.auntyflo.com/dream-dictionary/dreams-about-running-meaning-interpretation

Flo Saul. "Dreams Of Earth." Auntyflo. Accessed April 1, 2023. https://www.auntyflo.com/dream-dictionary/earth-and-earthquake

Flo Saul. "Forest." Auntyflo. Accessed April 1, 2023. https://www.auntyflo.com/dream-dictionary/forest

Flo Saul. "Laughing." Auntyflo. Accessed April 1, 2023. https://www.auntyflo.com/dream-dictionary/laughing

Flo Saul. "Library." Auntyflo. Accessed April 1, 2023. https://www.auntyflo.com/dream-dictionary/library

Flo Saul. "Passages or Halls." Auntyflo. Accessed April 1, 2023. https://www.auntyflo.com/dream-dictionary/passages-or-halls

Flo Saul. "Uncover Hidden Dream Meanings." Auntyflo. Accessed April 1, 2023. https://www.auntyflo.com/dream-dictionary/countryside

Floyd, L. "4 Things That Our Dreams Tell Us about Ourselves." Landofsleep. Accessed April 1, 2023. https://www.landofsleep.com/blog/4-things-that-our-dreams-tell-us-about-ourselves

Forneret, Alica. "Dream of Running Meaning: 18 Scenarios." Last modified April 2, 2023. https://alicaforneret.com/dream-of-running/

Forneret, Alica. "Dreams About Ghosts Meaning: 13 Scenarios." Last modified January 17, 2023. https://alicaforneret.com/dream-about-ghosts/

Forneret, Alica. "Flying Dream Meaning: Spiritually, Psychologically & More." Last modified April 17, 2023. https://alicaforneret.com/flying-dream-meaning/

GoodTherapy. "Dream Analysis." Last modified February 2, 2016. https://www.goodtherapy.org/learn-about-therapy/types/dream-analysis

Home Science Tools. "Elements: Earth, Water, Air, and Fire." Last modified October 6, 2017. https://learning-center.homesciencetools.com/article/four-elements-science/amp/

Jiang, Fercility. "The 20 Most Common Animals in Dreams & Meanings." China Highlights. Last modified August 23, 2021. https://www.chinahighlights.com/travelguide/culture/dreaming-about-animals.htm

Jones, Walter. "Dream About Dragon: Meaning & Spiritual Messages Explained." Psychic Blaze. Last modified February 6, 2023.

https://psychicblaze.com/dream-about-dragon-meaning/

Kari Hohne. "Anatomy and Body Parts." Accessed April 1, 2023. https://www.cafeausoul.com/oracles/dream-dictionary/anatomy-and-body-parts

Kari Hohne. "Animals." Accessed April 1, 2023. https://www.cafeausoul.com/oracles/dream-dictionary/animals

Kedia, S. "Dreaming about a library – Are You Actively Seeking Knowledge?" Last modified May 31, 2023. https://thepleasantdream.com/dreaming-about-a-library/

Kerkar, Pramrod. "Dream Therapy: Dream Interpretation, Why Do We Dream." Pain Assist. Last modified January 30, 2019. https://www.epainassist.com/alternative-therapy/dream-therapy-dream-interpretation-meaning-of-dreams-its-benefits

Kiran. "What Does it Mean to Dream About Running?" Dreams & Myths. Last modified August 24, 2022. https://dreamsandmythology.com/dream-about-running/

Kotiya, Madhu. "Dreams in colour." Deccan Chronicle. Last modified June 10, 2018. https://www.deccanchronicle.com/amp/lifestyle/health-and-wellbeing/100618/dreams-in-colour.html

Ladyfirst. "What does it mean to dream of 4 elements?" Last modified June 30, 2023. https://www.lady-first.me/article/what-does-it-mean-to-dream-of-4-elements,6343.html

Liquids & Solids Spirit. "Dream About Sinking Ship? (7 Spiritual Meanings)." Last modified August 24, 2022. https://www.liquidsandsolids.com/dream-about-a-sinking-ship/

Lou. "What Does It Mean When You're Dreaming of Falling?" A Little Spark of Joy. Last modified February 21, 2022. https://www.alittlesparkofjoy.com/dreaming-of-falling/

Malory, J. "Earth, Air, Fire and Water in Dreams." Dreaming.Life. Accessed April 1, 2023. https://www.dreaming.life/dream-themes/earth-air-fire-and-water-in-dreams.htm

Master. "Basic Body Parts Dream Meaning – Common 64 Dreams About Body Parts." Dream Meaning Net. Last modified April 23, 2015. https://dream-meaning.net/life/basic-body-parts-dream-interpretation/

The Messenger. "Dream about Running Down A Hallway." DreamsDirectory. Last modified January 24, 2019. https://www.dreamsdirectory.com/dream-about-running-down-a-hallway-meaning.html

Miller's Guild. "12 Meanings When You Dream of Running." Last modified December 13, 2021. https://www.millersguild.com/dream-of-running/

Miller's Guild. "17 Meanings When You Dream About Eating." Last modified January 6, 2022. https://www.millersguild.com/eating-in-dream/

Mitrovic, M. "Dreaming of a Dwarf – Meaning and Explanation." Dream Glossary. Last modified September 25, 2020.
https://www.dreamglossary.com/d/dwarfs/

More, R. "What Does the Number 9 Mean in a dream?" LoveToKnow Media. Last modified September 14, 2022.
https://www.lovetoknowhealth.com/well-being/what-does-number-9-dream-symbolize

Nikita. "City Dream Meaning And Symbolism." Luciding. Last modified December 12, 2021. https://luciding.com/city-dream-symbol-meaning/

Numberogy.Com. "#14 Supernatural Dream Meaning & Spirituality." Accessed April 1, 2023. https://numberogy.com/supernatural-dream-meaning.html.

Nunez, K. "5 Lucid Dreaming Techniques to Try." Healthline. Last modified March 22, 2023. https://www.healthline.com/health/healthy-sleep/how-to-lucid-dream

O'Driscoll, Dana. "Dreaming Primer: Lucid Dreaming, Dream Recall, and Exploring Dreamscapes for Creativity." The Druids Garden. Last modified February 4, 2023. https://thedruidsgarden.com/2023/02/05/dreaming-primer-lucid-dreaming-dream-recall-and-exploring-dreamscapes-for-creativity/

Olesen, Jacob. "Color Meanings in Dreams: What Does Dreaming in Color Mean?" Color Meanings. Last modified December 11, 2014.
https://www.color-meanings.com/color-meanings-in-dreams-what-does-dreaming-in-color-mean/

Parvez, Hanan. "Dreams about running and hiding from someone." PsychMechanics. Last modified April 25, 2022.
https://www.psychmechanics.com/dreams-about-running-and-hiding-from-someone/

Pentelow, Orla. "The Meaning Behind Drowning In A Dream Is Just As Scary As The Dream Itself." Bustle. Last modified August 18, 2021.
https://www.bustle.com/life/what-does-it-mean-when-i-drown-in-a-dream-while-its-likely-youre-stressed-there-is-upside-12708547

Porter, Liam. "Dreaming of Falling And What It Means." Dreams Limited. Last modified May 18, 2022. https://www.dreams.co.uk/sleep-matters-club/falling-in-your-dream

PsycholoGenie. "What Do Dreams About Stairs Mean and How to Interpret Them?" Accessed April 1, 2023. https://psychologenie.com/what-do-dreams-about-stairs-mean

Regan, Sarah. "A Beginner's Guide to Dream Interpretation & 8 Common Dreams." Mindbodygreen. Last modified April 29, 2023.
https://www.mindbodygreen.com/articles/beginners-guide-to-dream-

interpretation

Simwa, Adrianna. "Eating in the dream - what does it mean? Dream interpretation." Legit. Last modified September 19, 2018. https://www.legit.ng/1191964-eating-dream.html

The Sleep Diary. "10 Common Dreams About Stairs and Their Meanings." Last modified June 3, 2022. https://thesleepdiary.com/dreams-about-stairs/

Steber, Caroline. "7 Dreams About Falling, Decoded." Bustle. Last modified June 8, 2021. https://www.bustle.com/wellness/dreams-about-falling-meaning-experts

Surolia, K. "Dreaming of Plants - Does It Mean Growth Like Plants in Life?" ThePleasantDream. Last modified June 8, 2023. https://thepleasantdream.com/dreaming-of-plants/

Tamara. "Laughter in a Dream - Meaning and Symbolism." Dream Glossary. Last modified December 8, 2021. https://www.dreamglossary.com/l/laughter/

Tommy, M. "What Do Tunnels Mean In Dreams? - Beginning of A New Chapter in Your Life." ThePleasantDream. Last modified June 21, 2023. https://thepleasantdream.com/what-do-tunnels-mean-in-dreams/

What Dream Means. "What Does it Mean to Dream About Childhood Home?" Last modified March 5, 2021. https://whatdreammeans.com/what-does-it-mean-to-dream-about-childhood-home/

Wille. "The Ultimate Guide to Dream Interpretation." A Little Spark of Joy. Last modified May 9, 2023. https://www.alittlesparkofjoy.com/dream-interpretation

Fuentes de imágenes

[1] https://unsplash.com/photos/j8a-TEakg78?utm_source=unsplash&utm_medium=referral&utm_content=creditShareLink

[2] https://unsplash.com/photos/fVUl6kzIvLg?utm_source=unsplash&utm_medium=referral&utm_content=creditShareLink

[3] https://unsplash.com/photos/FwF_fKj5tBo

[4] https://www.pexels.com/photo/hands-of-crop-faceless-man-under-water-7457629/

[5] https://unsplash.com/photos/Orz90t6o0e4?utm_source=unsplash&utm_medium=referral&utm_content=creditShareLink

[6] https://www.pexels.com/photo/a-falling-woman-wearing-a-sheer-dress-5655150/

[7] https://unsplash.com/photos/r6LQc9feEZQ

[8] https://pixabay.com/images/id-1072821/

[9] https://www.pexels.com/photo/ocean-waves-1646311/

[10] https://www.pexels.com/photo/purple-wall-color-1293006/

[11] https://www.pexels.com/photo/lots-of-numbers-1314543/

[12] https://unsplash.com/photos/P7L5011nD5s?utm_source=unsplash&utm_medium=referral&utm_content=creditShareLink

[13] https://unsplash.com/photos/Z-6bfsa6rD8?utm_source=unsplash&utm_medium=referral&utm_content=creditShareLink

[14] https://unsplash.com/photos/AVJ321HJFl4?utm_source=unsplash&utm_medium=referral&utm_content=creditShareLink

[15] https://www.pexels.com/photo/a-woman-dressed-as-a-vampire-14395497/

[16] https://unsplash.com/photos/_VkwiVNCNfo?utm_source=unsplash&utm_medium=referral&utm_content=creditShareLink

www.ingramcontent.com/pod-product-compliance
Lightning Source LLC
Chambersburg PA
CBHW051849160426
43209CB00006B/1224